Преклонение

с дух и истина

Духовно преклонение

Д-р Джейрок Лий

„Но иде час, и сега е,
когато истинските поклонници ще се покланят
на Отца с дух и истина;
защото такива иска Отец да бъдат поклонниците Му.
Бог е дух; и ония, които Му се покланят
с дух и истина трябва да се покланят."
(Йоан 4:23-24)

Преклонение с дух и истина от д-р Джейрок Лий
Издадена от Юрим букс (Представител: Johnny. H. Kim)
235-3, Guro-dong 3, Guro-gu, Сеул, Корея
www.urimbooks.com

Всички права запазени. Всички права запазени. Тази книга или части от нея не могат да бъдат възпроизвеждани в никаква форма, не могат да бъдат записвани във възпроизвеждаща система или предавани чрез електронни, механични, копирни или други видове средства без предварително писмено разрешение на издателя.

Освен ако не е посочено другояче, всички цитати от Библията са взети от Святата Библия - Нова Американска Стандартна Библия ®, Авторско право © 1960, 1962, 1963, 1968, 1971, 1972, 1973, 1975, 1977, 1995 Фондация Локман. Използвани с разрешение.

Авторско право © 2012 от д-р Джейрок Лий
ISBN: 979-11-263-1272-6 03230
Запазени права за превод © 2012 г. от д-р Естер К. Чанг. Използвани с разрешение.

Публикувана за първи път през ноември 2012 г.

Предишно издание на корейски език през 1992 г. от Юрим Букс в Сеул, Корея

Редакция от д-р Джюмсан Вин
Дизайн от Издателска къща Юрим букс
За повече информация се обърнете до: urimbook@hotmail.com

Предговор

Акациевите дървета са често срещани в пустинята на Израел. Тези дървета пускат корени на десетки метри под повърхността и търсят подпочвената вода, за да поддържат живота си. На пръв поглед, акациевите дървета са подходящи само за дърва за огън, но дървесината им е по-твърда и по-дълготрайна от други дървета.

Бог заповядал Ковчегът на завета (Кивотът) да бъде изграден от акациеви дървета, да се облицова със злато и да се постави в Светая Светих. Светая Светих е свещено място, където обитава Бог и където могат да влизат само първосвещениците. Ето защо, един човек, който е пуснал корени в Божието слово, което е животът, не само ще бъде използван като ценен инструмент пред Бога, но ще се радва също на многобройни благословии в живота си.

Това е точно така, както пише в Еремия 17:8: „Защото ще бъде като дърво насадено при вода, което разпростира корените си при потока, и няма да се бои, когато настане пекът, но листът му ще се зеленее, и не ще има грижа в година на бездъждие, нито ще престане да дава плод." Тук „водата" в духовен смисъл се отнася за Божието слово и този, който е получил такива благословии, ще спазва боготворителните служби, на които се известява Божието слово.

Преклонението е церемония, на която се показва уважение и почит пред едно божество. Накратко казано, за християните преклонението е церемония, на която благодарим и възвеличаваме Бога с нашето уважение, възхвала и прослава. Както по времето на Стария завет, така и днес, Бог е търсил и продължава да търси хора, които Го почитат с дух и истина.

Най-малките подробности на преклонението са записани в Левит от Стария завет. Някои хора твърдят, че Левит се отнася за законите за приношенията по времето на Стария завет и затова Библията не е актуална в днешно време. Това изобщо не е вярно заради значението на законите на Стария завет за преклонението, които са заложени в начините, по които боготворим днес. Както бил случаят по времето на Стария завет, преклонението по време на Новия завет е пътят, по който да срещнем Бога. Само когато следваме духовното значение на законите от Стария завет за приношение, което било непорочно, можем също да почитаме Бог в епохата на Новия завет с дух и истина.

Тази творба разглежда учението и значението на различните приношения чрез разглеждане по отделно на приноси за всеизгаряне, хлебни приноси, примирителни жертви, приноси за грях и приноси за вина, които се отнасят за нас, живеещите по времето на Новия завет. Това ще помогне за подробно обяснение как трябва да служим на Бога. За да могат читателите да разберат по-лесно законите за приношенията, това произведение съдържа цветни снимки на панорамния изглед от ковчега, от вътрешната част на Храма и Светая Светих и на различните инструменти, свързани с преклонението.

Бог ни казва: „Бъдете свети, понеже Аз съм свет" (Левит 11:45; 1 Петрово 1:16) и желае всеки един от нас изцяло да разбере законите за приношенията, записани в Левит и да води свещен живот. Надявам се да разберете всеки аспект от приношението по време на Стария завет и преклонението по времето на Новия завет. Надявам се също да прегледате начина, по който се прекланяте и да започнете да почитате Бога по начин, който е удовлетворителен за Него.

Моля се в името на нашия Господ Исус Христос така, както Соломон удовлетворил Бога с неговите хиляди приношения за всеизгаряне, нека всеки читател на тази книга да бъде използван като ценен инструмент пред Бог и, като дърво, посадено от водата, нека да се радвате на многобройни благословии, отдавайки на Бог аромата на любов и благодарност чрез поритането Му в дух и истина!

Февруари 2010 г.
Д-р Джейрок Лий

Съдържание

Преклонение с дух и истина

Предговор

Глава 1
Духовно преклонение, което Бог приема   1

Глава 2
Приношения по времето на Стария завет, записани в Левит   17

Глава 3
Приношение за всеизгаряне   43

Глава 4
Хлебно приношение   67

Глава *5*
Примирително приношение   83

Глава *6*
Приношение за грях   95

Глава *7*
Приношението за вина   111

Глава *8*
Принесете Вашето тяло в живо и свято пожертвувание   123

Глава 1

Духовно преклонение, което Бог приема

„Бог е дух; и ония, които Му се покланят, с дух и истина трябва да се покланят."

Йоан 4:24

1. Приношения по времето на Стария завет и преклонение в епохата на Новия завет

Първоначално Адам, първият създаден човек, бил създание, способно да има пряка и близка връзка с Бога. След като бил изкушен от Сатаната и извършил грях, близката връзка на Адам с Бог била прекъсната. За Адам и неговите последователи, Бог подготвил начин за опрощение и спасение и открил пътя, чрез който да общуват с Бога. Този начин намираме в методите за приношения по времето на Стария завет, който Бог милостиво осигурил.

Приношенията от времето на Стария завет не били сътворени от хората. Те били посочени и разкрити от Самия Бог. Знаем това от Левит 1:1 и по-нататък: „И ГОСПОД повика Моисея, и като му говореше от шатъра за срещане каза..." Можем също да предположим това от приношенията, които направили на Бог синовете на Адам - Авел и Каин (Битие 4:2-4).

Тези приношения, според значението на всяко от тях, следват определени правила. Те са класифицирани като приношения за всеизгаряне, хлебни приношения, помирителни приношения, приношения за грях и приношения за вина, и в зависимост от тежестта на греха и обстоятелствата на хората, извършващи приношенията, те принасяли биволи, агнета, кози, гълъби и брашно. Свещениците, които приемали приношенията, трябвало да упражняват самоконтрол в живота, да имат благоразумно поведение, да се обличат в ефоди и да отдават приношения, подготвени с максимални грижи според установени правила. Тези приношения представлявали сложни и стриктни формалности.

По времето на Стария завет, човек бил способен да изкупи греховете си само чрез приношения за грях чрез убийството на животно. Грехът му бил изкупен с неговата кръв. Въпреки това, същата кръв от животните, предложена година след година, не освобождавала напълно хората от греховете им; това били временни приношения, които не били съвършени. Така е, защото пълното спасение на един човек от греховете е възможно само чрез живота му.

1 Коринтяни 15:21 казва: „Понеже, както чрез човека дойде смъртта, така чрез човека дойде възкресението на мъртвите." Поради тази причина, Божият Син Исус дошъл на този свят като човек от плът, макар и безгрешен, пролял Неговата кръв на кръста и умрял на него. След като Исус станал пожертвувание (Евреи 9:28), вече няма нужда от кръвни приношения, които изискват сложни и строги правила.

Както четем в Евреи 9:11-12: „А понеже Христос дойде като първосвещеник на бъдещите добрини, Той влезе през по-голямата и по-съвършена скиния, не с ръка направена, сиреч, не от настоящето творение, веднъж за винаги в светилището, и то не с кръв от козли и от телци, но със Собствената Си кръв, и придоби за нас вечно изкупление." Исус постигнал вечно спасение.

Чрез Исус Христос, ние вече не предлагаме на Бога кръвни приношения, а имаме възможност да отидем пред Него и да Му предложим живо и свято пожертвувание. Това е боготворителната служба в епохата на Новия завет. След като Исус направил пожертвувание за греховете за всички времена чрез заковаването Му на кръста и проливане на кръвта Му (Евреи 10:11-12), ние ще получим опрощение за греховете ни, когато вярваме от все сърце, че сме освободени от греха и приемем Исус Христос. Това не е церемония, подчертаваща делото, а демонстрация на вярата, която извира от сърцето ни. Това е живо и свято пожертвуване и духовна служба на преклонение (Римляни 12:1).

Това не означава, че приношенията от времето на Стария завет са отменени. Ако Старият завет е сянка, тогава Новият завет е самата форма. Както Законът, законите за приношението в Стария завет са усъвършенствани в Новия завет от Исус. В епохата на Новия завет формалността е променена в боготворителна служба. Така, както Бог зачитал непорочните и чисти приношения по времето на Стария завет, Той ще бъде удовлетворен от нашите боготворителни служби, отдадени с дух и вяра, в епохата на Новия завет. Строгите формалности и процедури не само подчертават външните церемонии, но имат и дълбоко духовно значение. Те служат като индикатор, с който да проверим нашето отношение към преклонението.

Първо, след компенсиране или поемане на отговорност чрез дела за грешките пред съседи, братя или Бога (приношение за вина), вярващият трябва да погледне назад в живота си по време на предишната седмица, да признае греховете си, да потърси прошка (приношение за грях) и тогава да се прекланя с върховна искреност (приношение за всеизгаряне). Когато удовлетворяваме Бог като отдаваме приношения, подготвени с максимална грижа в благодарност за неговото милосърдие, което ни е закриляло през предходната седмица (хлебно приношение) и като Му казваме желанията на нашите сърца (помирително приношение), Той ще изпълни желанията на нашето сърце и ще ни даде силата и могъществото да преодолеем света. В боготворителните служби от времето на Новия завет са включени много значения на законите и приношенията от Стария завет. Законите за приношенията на Стария завет ще бъдат разгледани подробно след Глава 3.

2. Преклонение в дух и истина

В Йоан 4:23-24 Исус ни казва: „Но иде час, и сега е, когато истинските поклонници ще се покланят на Отца с дух и истина; защото такива иска Отец да бъдат поклонниците Му. Бог е дух; и ония, които Му се покланят, с дух и истина трябва да се покланят." Исус казал това на една жена, която срещнал край кладенец в самарянския град Сихар. Жената попитала Исус, който започнал разговор с нея, искайки вода, за мястото на преклонение - тема, която отдавна събуждала любопитство (Йоан 4:19-20).

Докато евреите отдавали приношения в Ерусалим, където се намирал Храмът, самаряните отдавали приношения на планината Геризим. Това е, защото когато Израел бил разделен на две по време на царството на Ровоам, сина на Соломон, хората в северния Израел построили високо място, за да не позволяват на хората да стигнат до Храма в Ерусалим. Жената знаела това и искала да научи правилното място за преклонение.

Мястото за преклонение било от голямо значение за хората на Израел. Бог присъствал в Храма, затова го отделили и вярвали, че бил центърът на вселената. Въпреки това, тъй като е по-важно с какъв вид сърце се молим на Бога, отколкото мястото или местоположението на преклонение,

Исус разкрил Себе Си като Месията, оповестявайки, че разбирането за преклонението също трябвало да се поднови.

Какво означава „да се прекланяме в дух и истина"? „Преклонение в духа" означава да направим хляб от Божието слово в 66-те книги на Библията с вдъхновението и пълнотата на Светия дух и преклонението от дълбочините на нашето сърце със Светия дух, който живее в нас. „Преклонение в истината" освен правилното разбиране на Бога, означава да Го почитаме с цялото си тяло, сърце, воля и искреност, отдавайки Му в радост, благодарност, молитва, възхвала, дела и приношения.

Дали Бог ще приеме нашето преклонение не зависи от външния ни вид или от размера на нашите приношения, а от степента на грижата, с която Му отдаваме според нашите индивидуални обстоятелства. Бог с удоволствие ще приеме и ще отговори на желанията на сърцата на онези, които Го почитат от дълбочините на своите сърца и Му отдават дарения доброволно. Въпреки това, Той не приема преклонение от арогантни хора, чиито сърца са неразумни и се интересуват само от това, което другите мислят за тях.

3. Отдаване на преклонение, което Бог приема

Онези от нас, които живеем по времето на Новия завет, когато целият Закон е изпълнен от Исус Христос, трябва да почитаме Бога по съвършен начин. Така е, защото любовта е най-голямата заповед, дадена ни от Исус Христос, който изпълнил Закона в любов. Преклонението е израз на нашата любов към Бога. Някои хора признават своята любов към Бог с устните си, но от начина, по който Го почитат, понякога изглежда съмнително дали истински обичат Бог от дълбочините на своите сърца.

Ако срещаме някого, който ни превъзхожда по ранг или възраст, ние ще проверим нашето облекло, отношение и сърце. Ако трябва да му направим подарък, ще подготвим непорочен дар с най-голяма грижа. Бог е Създателят на всичко във вселената и заслужава възхвала и похвала от Своите творения. Ако ние почитаме Бог с дух и с истина, никога не трябва да бъдем нахални пред Него. Трябва да се вгледаме в себе си и да проверим дали сме били нахални, за да се уверим, че участваме в боготворителни служби с цялото ни тяло, сърце, воля и грижа.

1) Не трябва да закъсняваме за служби.

Тъй като преклонението е церемония, в която признаваме духовната власт на невидимия Бог, ние ще Го признаем от сърце само ако спазваме правилата и наставленията, които Той е установил. Ето защо, недопустимо е да се закъснява за служби по каквито и да било причини.

Тъй като времето за служба е време, което сме обещали да дадем на Бога, ние трябва да пристигнем преди нейното започване, да се посветим на молитва и да се подготвим за службата от все сърце. Ако трябва да се срещнем с цар, президент или министър-председател, ние несъмнено ще пристигнем рано и ще очакваме с подготвени сърца. Как може тогава да закъсняваме или да бързаме, когато се срещаме с Бог, който е несравнимо по-велик и по-величествен?

2) Трябва да обърнем специално внимание на посланието.

Пасторът е свещеник, миропомазан от Бога; той се равнява на свещеник от времето на Стария завет. Пасторът, който е избран да известява Словото от свещен олтар, е ръководител, който води паствата от овце към Небето. Следователно, Бог счита действието на неуместност или неподчинение към пастора като действие на неуместност или неподчинение към Самия Бог.

В Изход 16:8 откриваме, че когато хората на Израел негодували и се противопоставяли на Моисей, те в действителност правели това срещу Самия Бог. В 1 Царе 8:4-9, когато хората не се подчинили на пророка Самуил, Бог счел това като акт на неподчинение към Него. Ето защо, Вие сте нахални пред Бога, ако разговаряте с някой до Вас или умът Ви е зает с блуждаещи мисли, когато пасторът проповядва едно послание от името на Бога.

Задрямването или заспиването по време на служби също е акт на неуместност. Можете ли да си представите колко грубо би било за една секретарка или един министър да заспят по време на събрание, свикано от президента? По същия начин, задрямването или заспиването в един храм, който е тялото на нашия Господ, е акт на нахалство пред Бога, пастора и братята и сестрите по вяра.

Недопустимо е също да се покланяте с пречупен дух. Бог няма да приеме преклонение, което Му е предложено без благодарност и радост, а с мъка. Следователно, трябва да участваме в служби на преклонение в очакване на посланието, произлизащо от надеждата за Небето и със сърце, благодарно за милосърдието за спасение и любов. Неуместно е да разтърсите или да говорите на човек, който се моли на Бога. Така, както не трябва да прекъсвате един разговор между Ваш колега и Вашия ръководител, не е уместно да се прекъсва нечий разговор с Бог.

3) Не трябва да се консумират алкохол и цигари преди посещение на боготворителни служби.

Бог няма да счита за грях неспособността на новия вярващ да откаже пиенето и пушенето заради слаба вяра. Въпреки това, ако един човек, който е бил покръстен и заема позиция в църквата, продължава да пие и да пуши, това е акт на нахалство пред Бога.

Дори невярващите считат, че е нередно и погрешно хората да ходят на църква под влиянието на наркотици или малко след като са пушили. Когато човек вземе под внимание многобройните проблеми и грехове, които произлизат от пиенето и пушенето, той ще бъде в състояние да отличи с истината как да се държи като Божие дете.

Пушенето причинява различни видове рак и затова е вредно за тялото, докато пиенето, което води до интоксикация, може да е причина за неправомерно поведение и говорене. Как е възможно да послужи като пример за Божие дете един вярващ, който пуши или пие и чието поведение дори Го злепоставя? Ето защо, ако имате истинска вяра, трябва бързо да се откажете от тези навици. Дори и да сте начинаещ във вярата, полагането на максимални усилия да се откажете от предишния си живот ще бъде правилно за Бог.

4) Не трябва да отклоняваме вниманието си или да нарушаваме атмосферата на боготворителната служба.

Църквата е свещено място, посветено на боготворене, молитви и възхвала на Бога. Ако родителите разрешават на своите деца да викат, да вдигат шум или да тичат, те няма да позволят на другите членове да се прекланят от все сърце. Това е акт на нахалство пред Бог.

Неуважително е също да се тревожим, да се разгневяваме или да говорим за работа или външни развлечения в църквата. Дъвченето на дъвка, говоренето на висок глас с хората до Вас или ставането и излизането по средата на една служба също показва липса на уважение. Носенето на шапки, тениски, джапанки и чехли на една боготворителна служба не отговаря на добрите обноски. Външният вид не е важен, но вътрешната нагласа и сърцето на един човек често намират отражение в неговия външен вид. Грижата, с която някой се подготвя за служба, е очевидна от облеклото и външния му вид.

Правилното разбиране на Бога и желанията Му ни позволяват да извършим приемливи за Него боготворителни служби. Когато почитаме Бог по удовлетворителен за Него начин - когато правим това в дух и истина - Той ще ни даде силата на разбирането, което да запишем в сърцата си, да получим изобилни плодове и да се радваме на чудното милосърдие и благословии, с които Той ни залива.

4. Живот, маркиран от преклонение в дух и истина

Животът ни се обновява, когато почитаме Бог с дух и истина. Бог иска животът на всеки човек да бъде маркиран от преклонение с дух и истина. Как трябва да се държим, за да отдадем на Бог духовни служби, които Той с готовност да приеме?

1) Винаги трябва да се радваме.

Истинската радост произлиза не само от мотивите да бъдем радостни, но и тогава, когато срещаме болезнени и трудни проблеми. Самият Исус Христос, когото сме приели като наш Спасител, е основание за нас да се радваме винаги, защото понесъл бремето на всичките ни проклятия.

Когато сме вървяли по пътя на унищожението, Той ни спасил от греховете чрез проливане на кръвта Си. Той понесъл върху Себе Си нашата бедност и болести и освободил връзките на порочността като сълзи, болка, скръб и смърт. Също така, Той унищожил властта на смъртта и възкръснал, с което дал надежда за възкресението и ни позволил да притежаваме истински живот на красивото Небе.

Можем само да се радваме, ако ние притежаваме Исус Христос чрез вярата като източник на нашата радост. Реалността няма значение за нас, ако имаме красивата надежда за отвъдния живот и ще получим вечно щастие, дори и да нямаме храна, да имаме проблеми в семейството, да сме заобиколени от нещастия и преследвания. Радостта никога няма да избледнее, докато сърцето ни е изпълнено с неизменна любов към Бога и непоклатима надежда за Небето. Винаги избликва радост и трудностите се превръщат по-бързо в благословии, когато сърцата ни са изпълнени с Божието благоволение и надежда за Небето.

2) Трябва да се молим непрестанно.

„Да се молим непрестанно" има три значения. Първо, това означава да се молим редовно. Дори Исус, по време на Своето духовенство, търсил спокойни места, в които да се моли според „Неговия обичай". Данаил се молил три пъти на ден редовно и Петър и другите ученици също отделяли време за молитва. Трябва също да се молим редовно, за да изпълним количеството молитви и да сме сигурни, че маслото на Светия дух никога няма да се изчерпа. Само тогава ще бъдем способни да разберем Божието слово по време на боготворителни служби и да получим силата да живеем според Словото.

На следващо място, „да се молим непрестанно" означава да се молим в часове, които не са строго определени с разписание или обичай. Светият дух понякога ни принуждава да се молим извън часовете, в които се молим обикновено. Често слушаме разкази от хора, които са избегнали трудности или са били защитени и предпазени от инциденти, когато са се подчинили да се молят в такива часове.

На последно място, „да се молим непрестанно" означава да медитираме върху Божието слово ден и нощ. Независимо къде, с кого или какво прави един човек, истината в сърцето му трябва да е жива и активно да върши работата си.

Молитвата е като дишането за нашия дух. Така, както плътта умира, когато тялото спира да диша, прекратяването на молитвите води до отслабване и накрая до смърт за духа. Може да се каже, че един човек „се моли непрестанно", когато не само вика в молитвата в определени часове, но и също когато медитира върху Словото ден и нощ и живее според него. Когато Божието слово живее в сърцето му и той живее съвместно със Светия дух, всеки аспект от живота му ще преуспява и той ще бъде ръководен ясно и директно от Светия дух.

Така, както Библията ни казва „да търсим първо Неговото царство и Неговата праведност", когато се молим за Божието царство - Неговото провидение и спасението на душите - вместо за нас, Бог ни благославя още повече. Някои хора се молят, когато срещат трудности или когато чувстват, че нещо им липсва, но след това престават да се молят, защото са спокойни. Други се молят старателно, когато са изпълнени със Светия дух, но спират да се молят, когато загубят пълнотата.

Въпреки това, винаги трябва да изпълним сърцата си и да отдадем на Бога аромата на молитвата, с която е удовлетворен. Можете да си представите колко мъчително и трудно е да произнасяме думи против волята ни и да се опитваме просто да запълним времето за молитви, докато се борим със сънливостта или блуждаещи мисли. Ето защо, ако един вярващ, който счита, че притежава определена степен на вяра, но изпитва такива трудности и намира за тежко да говори с Бога, не трябва ли да изпитва смущение, когато изповядва своята „любов" към Бога? Ако Вие мислите: „Молитвата ми е духовно монотонна и инертна", проверете себе си, за да видите колко радостни и благодарни сте били.

Напълно сигурно е, че когато сърцето на един човек винаги е изпълнено с радост и благодарност, молитвата ще бъде в пълнотата на Светия дух и няма да е монотонна, а ще достигне по-големи дълбочини. Човек няма да изпитва чувството, че е неспособен да се моли. Вместо това, колкото е по-трудно, толкова повече той ще жадува за Божието благоволение, което ще го принуждава да призовава по-страстно Бог и вярата му ще расте малко по малко.

Ще получим изобилни плодове на молитвата, когато викаме в нея от все сърце и непрестанно. Независимо от изпитанията, които ще срещнем по пътя ни, ние ще спазваме часовете за молитва. Според степента, в която викаме в нашата молитва, ще нараснат духовните равнища на вяра и любов и ще споделим също благоволението с другите. Следователно, много е важно за нас да се молим непрестанно с радост и благодарност, за да получим отговори от Бога под формата на красиви плодове духовно и физически.

3) Трябва да благодарим за всичко.

Какви основания имате, за да сте благодарни? На първо място е фактът, че ние, които сме били обречени на смърт, сме спасени и можем да отидем на Небето. Фактът, че сме получили всичко, включително нашия насъщен хляб и добро здраве, е достатъчна причина за нас, за да благодарим. Също така, трябва да сме благодарни, въпреки всички нещастия и изпитания, защото вярваме във всемогъщия Бог.

Бог познава всички наши обстоятелства и ситуации и чува всичките ни молитви. Когато вярваме в Него до край през всякакви изпитания, Той ни ръководи, за да ги преодолеем по-добре.

Когато сме нещастни в името на нашия Господ или дори когато изпитваме изпитания заради собствените ни грешки или недостатъци, ако вярваме истински в Бога, ще разберем, че единственото, което трябва да направим, е да бъдем благодарни. Когато нещо ни липсва или нямаме, ще бъдем още по-благодарни за силата на Бог, който укрепва и прави съвършени слабите. Дори когато реалността, пред която сме изправени, да стане все по-трудна за преодоляване и понасяне, ще бъдем в състояние да благодарим заради нашата вяра в Бога. Когато сме благодарили до край чрез вярата, всички неща накрая ще действат заедно за добро и ще се превърнат в благословии.

Да се радваме винаги, да се молим непрестанно и да благодарим във всичко са критериите, с които измерваме колко плодове сме получили духовно и физически през нашия живот с вяра. Колкото повече човек се стреми да се радва, независимо от ситуациите, да посява семена на радост и да благодари от все сърце, докато търси причини да бъде благодарен, толкова повече плодове на радост и благодарност ще получи. Същото е с молитвата; колкото повече усилия полагаме, за да се молим, по-голяма сила и отговори ще пожънем като плодове.

Следователно, чрез предлагане на ежедневни боготворителни служби на Бога, които Той желае и с които е удовлетворен чрез живот, в който винаги се радвате, молите се безспирно и благодарите (1 Солунци 5:16-18), надявам се да получите големи и изобилни плодове в дух и истина.

Глава 2

Приношения по времето на Стария завет според записаното в Левит

„И ГОСПОД повика Моисея, и като му говореше от шатъра за срещане каза: „Говори на израилтяните, казвайки им: Когато някой от вас принесе принос Господу, от добитъка нека принесе, от чердата или от стадата."

Левит 1:1-2

1. Значението на Левит

Често се твърди, че Откровение в Новия завет и Левит в Стария завет са най-трудните за разбиране части от Библията. Поради тази причина, когато четат Библията, някои хора пропускат тези части, а други считат, че законите за приношенията от Стария завет вече не са актуални. Въпреки това, ако тези части не се отнасяха за нас, нямаше да има причина Бог да ги записва в Библията. Тъй като всяка дума в Новия и Стария завет е необходима за нашия живот в Исус, Бог позволил да бъдат записани в Библията (Матей 5:17-19).

Законите за приношенията от времето за Стария завет не трябва да се пренебрегват в епохата на Новия завет. Както се отнася за целия Закон, законите за приношенията от Стария завет са изпълнени също от Исус в Новия завет. Заключенията от значенията на законите за приношенията от Стария закон са отразени във всеки етап от съвременното преклонение в Божията църква и приношенията от епохата на Стария завет са равностойни на процедурите за изпълнение на съвременната боготворителна служба. След като разберем точно законите за приношенията от Стария завет и тяхното значение, ще следваме прекия път към благословиите, по който ще срещнем Бога и ще Го изпитаме правилно, разбирайки как да Го почитаме и да Му служим.

Левит е част от Божието слово, което се прилага днес за всички онези, които вярват в Него. Така е съгласно 1 Петрово 2:5, където е записано: „И вие, като живи камъни, се съграждате в духовен дом, за да станете свето свещенство, да принасяте духовни жертви, благоприятни на Бога чрез Исуса Христос", всеки, който е получил спасение чрез Исус Христос, може да застане пред Бога, както са правили свещениците от времето на Стария завет.

Левит се поделя основно на две части. Първата част е посветена на начина за опрощение на греховете ни. Тя съдържа главно законите за пожертвувания с цел опрощение на греховете и описва също качествата и отговорностите на свещениците, отговорни за приношенията на хората към Бога. Втората част описва с големи подробности греховете, които Божите избраници, Неговите свяи хора, никога не трябва да извършват. Накратко казано, всеки вярващ трябва да научи Божията воля, отразена в Левит, която уточнява как да поддържаме свещена връзка с Бога.

Законите за пожертвуванията, записани в Левит, обясняват начина, по който трябва да извършваме преклонение. Така, както ние срещаме Бога и получаваме Неговите отговори и благословии чрез боготворителни служби, хората от времето на Стария завет получавали опрощение на греховете и изпитвали Божите дела чрез пожертвувания. Въпреки това, след Исус Христос, Светият дух обитава в нас и на нас е позволено да поддържаме връзка с Бога, когато Го почитаме с дух и истина сред делата на Светия дух.

Евреи 10:1 гласи: „Защото законът, като съдържа в себе си само сянка на бъдещите добрини, а не самата същност на нещата, то свещениците, които непрестанно принасят всяка година същите жертви, никога не могат с тях да направят съвършени в чистота ония, които пристъпват да жертвуват." Ако има форма, тогава има и сянка на тази форма. Днес „формата" е фактът, че ние можем да се покланяме чрез Исус Христос, а по времето на Стария завет хората поддържали своите връзки с Бог чрез пожертвувания, което било сянка.

Приношенията на Бога трябва да се отдават според желаните от Него правила; Бог не приема преклонение, предложено от човек, който го е направил по собствен начин. В Битие 4 четем, че Бог приел даровете на Авел, който спазил Божията воля, но не приел приносите на Каин, който измислил свой начин за пожертвуване.

По същия начин, има преклонение, което удовлетворява Бога и преклонение, което се отклонява от Неговите правила и затова е неуместно за Него. В законите за приношенията в Левит има практична информация за вида преклонение, с който да получим отговори и благословии от Бога и който Го удовлетворява.

2. Бог повикал Моисей от Скинията

Левит 1:1 гласи: „И ГОСПОД повика Моисея, и като му говореше от шатъра за срещане каза:..." Шатърът за срещане е подвижна църква, която позволявала бързите движения на хората от Израел, които живяли в пустинята и това е мястото, където Бог повикал Моисей. Шатърът за срещане се отнася за скинията, състояща се от Църквата и Светая Светих (Изход 30:18, 30:20, 39:32 и 40:2). Той се отнася общо за скинията, както и за нейните дъски, лостове и стълбове (Числа 4:31,

8:24).

Следвайки Изхода и по своя път към Ханаанската земя, хората на Израел прекарали много време в пустинята и непрекъснато били в движение. Поради тази причина, храмът, където се извършвали приношения на Бога, не бил построен на постоянна арматура, а представлявал скиния, която лесно се местела. Поради тази причина, структурата често е наречена „Храм на скинията".

В Изход 35-39 има конкретни подробности за изграждането на скинията. Самият Бог дал инструкции на Моисей за структурата на скинията и за материалите, които трябвало да се използват за нейното изграждане. Когато Моисей казал на паството за материалите, необходими за изграждане на скинията, хората с готовност донесли голямо количество полезен материал като злато, сребро, бронз; различни видове камъни; син, морав и червен материал и фин лен; те донесли толкова много кожи от кози, овце и морски свине, че Моисей трябвало да им каже да не носят повече (Изход 36:5-7).

Скинията по този начин била изградена с приношения, направени доброволно от паството. За израилтяните, които вървяли към Ханаанската земя, оставяйки Египет, откъдето бягали, разходите за построяване на скинията не били малки. Те нямали домове или земя и не били способни да забогатеят чрез земеделие. Въпреки това, в очакване на обещанието на Бога, който им казал, че ще живее сред тях след подготвяне на Неговото място за обитаване, израилтяните понесли всички разходи и усилия с радост и удоволствие.

За израилтяните, които от дълго време страдали от голямо насилие и тежък труд, най-важното било да се освободят от робството. Ето защо, след като ги освободил от Египет, Бог заповядал изграждането на скинията, за да обитава сред тях. Израилтяните нямали основание да се бавят и скинията била построена с радостна всеотдайност.

Непосредствено след влизане в скинията се намира „Църквата" и по-навътре е „Светая светих". Това е най-святото място. Светая Светих съхранява Ковчега на завета (Кивота). Фактът, че Ковчегът на завета, който съдържа Божието слово, се намира в Светая Светих, служи за напомняне за Божието присъствие. Докато храмът в своята цялост е свещено място като дома на Бога, Светая Светих е място, специално отделено и считано за най-свято от всички места. Дори първосвещениците имали право да влизат в Светая Светих само веднъж в годината, за да направят приношение за грях за Бога от името на хората. На обикновените хора било забранено да влизат вътре, защото грешниците никога не могат да се явят пред Бога.

Въпреки това, чрез Исус Христос всички ние сме получили привилегията да бъдем способни да застанем пред Бога. В Матей 27:50-51 четем: „А Исус, като извика пак със силен глас, издъхна. И, ето, завесата на храма се раздра на две от горе до долу, земята се разтресе, скалите се разпукаха." Когато Исус предложил Себе Си чрез смъртта на кръста, за да ни спаси от греховете, завесата, която се намирала между Светая Светих и нас, била разкъсана на две.

В Евреи 10:19-20 пише по този въпрос: „И тъй, братя, като имаме чрез кръвта на Исуса дръзновение да влезем в светилището, през новия и живия път, който Той е открил за нас през завесата, сиреч, плътта Си." Разкъсването на завесата, когато Исус пожертвал Неговото тяло в смърт, означава унищожаването на стената от грях между нас и Бога. Сега всеки, който вярва в Исус Христос, може да получи опрощение на греховете и да тръгне по пътя, който бил прокаран към Святия Бог. Докато в миналото само свещениците били способни да застанат пред Бог, сега сме способни да имаме пряка и близка връзка с Него.

3. Духовно значение на Скинията

Какво значение има Шатъра за срещи за нас в днешно време? Шатърът за срещи е църквата, в която вярващите се покланят днес, Светилището е тялото на вярващите, които приемат Господ и Светая Светих е нашето сърце, в което обитава Светият дух. 1 Коринтяни 6:19 ни напомня: „Или не знаете, че вашето тяло е храм на Светия Дух, който е във вас, когото имате от Бога? И вие не сте свои си." След като приемем Исус като Спасител, получаваме Светия дух като дар от Бога. Тъй като Светият дух живее в нас, нашето сърце и тяло са свят храм.

В 1 Коринтяни 3:16-17 четем също: „Не знаете ли, че сте храм на Бога, и че Божият Дух живее във вас?" Ако някой развали Божия храм, него Бог ще развали; защото Божият храм е свет, който храм сте вие." Така, както трябва винаги да поддържаме храма на Бога чист и свят, трябва винаги да поддържаме нашето тяло и сърце чисти и святи, като място за обитаване на Светия дух.

Четем, че Бог ще унищожи всички, които унищожат Неговия храм. Светият дух ще угасне и няма да има спасение за този човек, който е Божие дете и приеме Светия дух, но продължи да унищожава себе си. Само когато поддържаме свят храма, в които живее Светия дух, чрез нашето поведение и нашите сърца, ще постигнем пълно спасение и ще имаме пряка и близка връзка с Бога.

Следователно, фактът, че Бог повикал Моисей от Шатъра за срещи означава, че Светия дух ни вика отвътре в нас и търси близост с нас. Естествено е за Божите деца, които са получили спасение, да имат близост с Бащата Бог. Те трябва да се молят чрез Светия дух и да се прекланят с дух и истина в близка връзка с Бога.

Хората от времето на Стария завет не били способни да имат близост със Светия Бог заради греховете си. Само първосвещениците могли да влизат в Светая Светих в скинията и да отдават приношения на Бога от името на хората. Днес всяко дете на Бога има право да влиза в Светилището, за да се прекланя, моли и да има близост с Бога, защото Исус Христос ни освободил от всички грехове.

Когато приемем Исус Христос, Светият дух живее в сърцето ни и го счита за Светая Светих. Освен това, по същия начин, по който Бог повикал Моисей от шатъра за срещи, Светият дух ни вика от дълбочината на сърцето ни и желае да има близост с нас. Като ни позволява да чуем гласа на Светия дух и да получим Неговото ръководство, Светият дух ни води, за да живеем в истината и да разберем Бога. За да чуем гласа на Светия дух, трябва да отхвърлим греха и злото от сърцето ни и да станем святи. След като постигнем святост, ще бъдем способни да чуем гласа на Светия дух ясно и ще имаме многобройни благословии духовно и физически.

4. Формата на Скинията

Формата на Шатъра за срещи е много проста. Човек трябва да премине портата, чиято ширина е около девет метра (около 29.5 фута) на изток от скинията. След като влезе в скинията, човек ще види първо Олтара за приношенията за всеизгаряне, направен от бронз. Между този олтар и Светилището има един съд за миене или церемониален тас, след това е Светилището и после Светая Светих, която е централната част на шатъра за срещи.

Размерите на скинията, състояща се от Светилището и Светая светих, са четири и половина метра ширина (около 14.7 фута), 13.5 метра дължина (около 44.3 фута) и четири и половина метра височина (около 14.7 фута). Сградата се издига върху основа, изградена от сребро, стените ѝ се състоят от прътове от акациево дърво, облицовани със злато и покривът е покрит с четири пласта завеси. На първия пласт са изтъкани херувими; вторият пласт е направен от козя кожа; третият пласт е изграден от овча кожа и четвъртият е направен от кожи на морски свине.

Структура на Шатъра за срещи

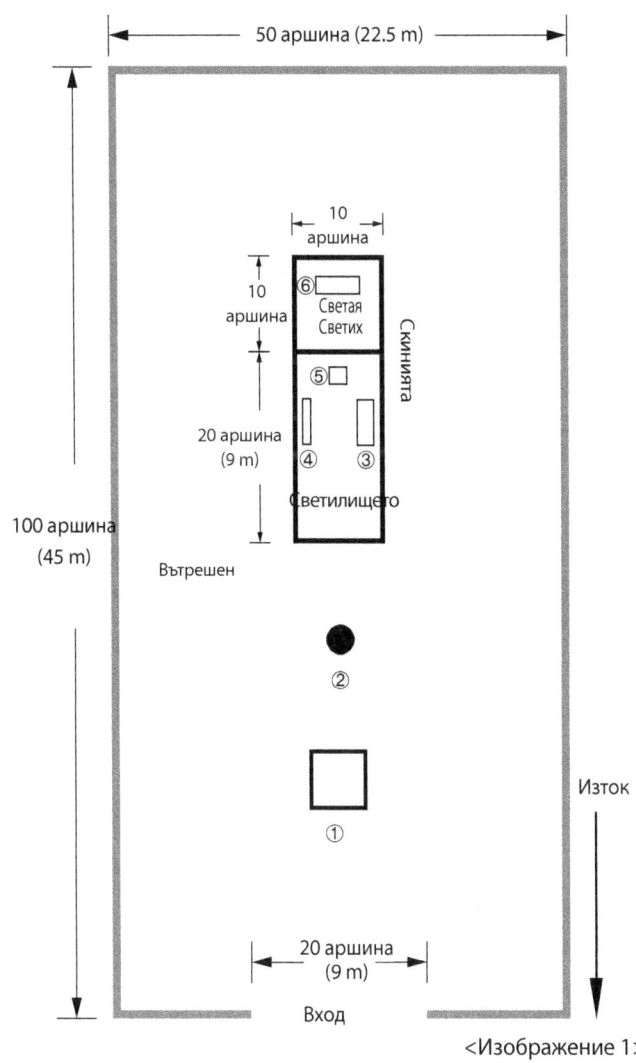

<Изображение 1>

Размери
Вътрешен двор: 100 x 50 x 5 аршина
Вход: 20 x 5 аршина
Скинията: 30 x 10 x 10 аршина
Светилището: 20 x 10 x 10 аршина
Светая светих: 10 x 10 x 10 аршина
(* 1 аршин = приблизително 17.7 инча)

Инструменти
1) Олтарът за приношение на всеизгаряне
2) Съдът за миене
3) Масата за хлябове за приношение
4) Светилник от чисто злато
5) Олтарът за кадене на тамян
6) Ковчегът на завета

Светилището и Светая светих са отделени от завеса, на която също е изтъкан херувим. Размерът на Светилището е два пъти по-голям от този на Светая светих. В Светилището има маса за хлябове за приношение, поставка за светилника и Олтар за кадене на тамян. Всички тези предмети са направени от чисто злато. Вътре в Светая светих е Ковчегът на завета (Кивотът).

Нека да резюмираме всичко това. Първо, вътрешността на Светая светих била свещено място, в което живял Бог и там се намирал също Ковчегът на завета, над който било умилостивилището. Един път в годината, в Деня на Изкуплението, първосвещеникът влизал в Светая светих и напръсквал с кръв умилостивилището от името на хората, за да направи изкупление. Всичко в Светая светих било декорирано с чисто злато. В Ковчега на завета са двата каменни скрижала, на които са записани Десетте Божи заповеди, запечатана стомна с манна небесна и цъфналият жезъл на Аарон.

Светилището било мястото, където свещеникът влизал, за да направи приношения и в него се намирали Олтар за кадене на тамян, светилник и маса за хлябове за приношение, всички те направени от злато.

Трето, съдът за миене е направен от бронз. Съдът за миене съдържал вода, където свещениците да измият ръцете и краката си преди да влязат в Светилището или преди първосвещениците да влязат в Светая светих.

Четвърто, Олтарът за приношение за всеизгаряне бил

Изображение

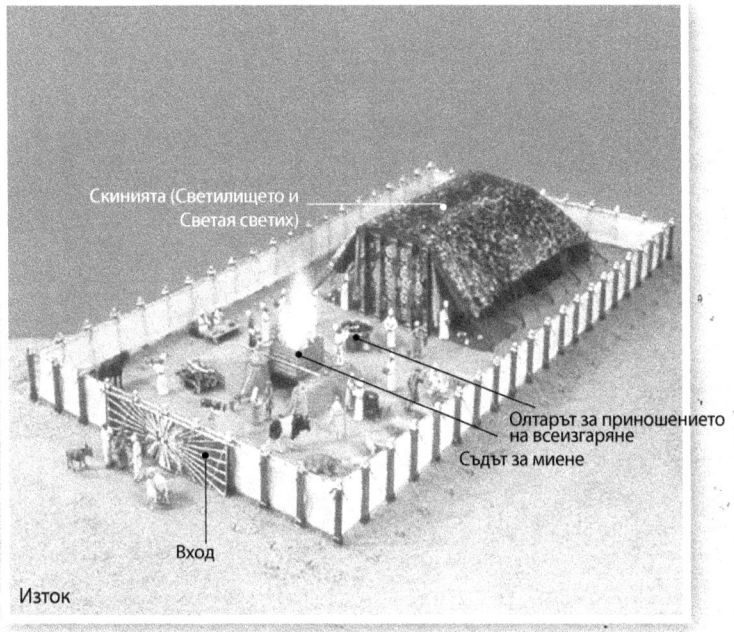

<Изображение 2>

Панорамната гледка на Шатъра за срещи

В дворовете се намират олтарът за приношение на всеизгаряне (Изход 30:28), Съдът за миене (Изход 30:18), Скинията (Изход 26:1, 36:8) и над дворовете има завеса от препреден висон. Има само един вход от източната страна на Скинията (Изход 27:13-16) и той символизира Исус Христос, единствената врата за спасение.

Изображение

<Изображение 3>

Покрития за Скинията

Четири слоя покрития върху Скинията

Отдолу има завеси, бродирани с херувим; върху тях има завеси от козя вълна; върху тях има овчи кожи и върху тях има делфинови кожи. Покритията на изображение 3 са показани така, че да се вижда всеки пласт. С откриване на покритията се виждат завесите за Светилището пред Скинията и зад тях, олтарът за кадене на тамян и завесите за Светая светих.

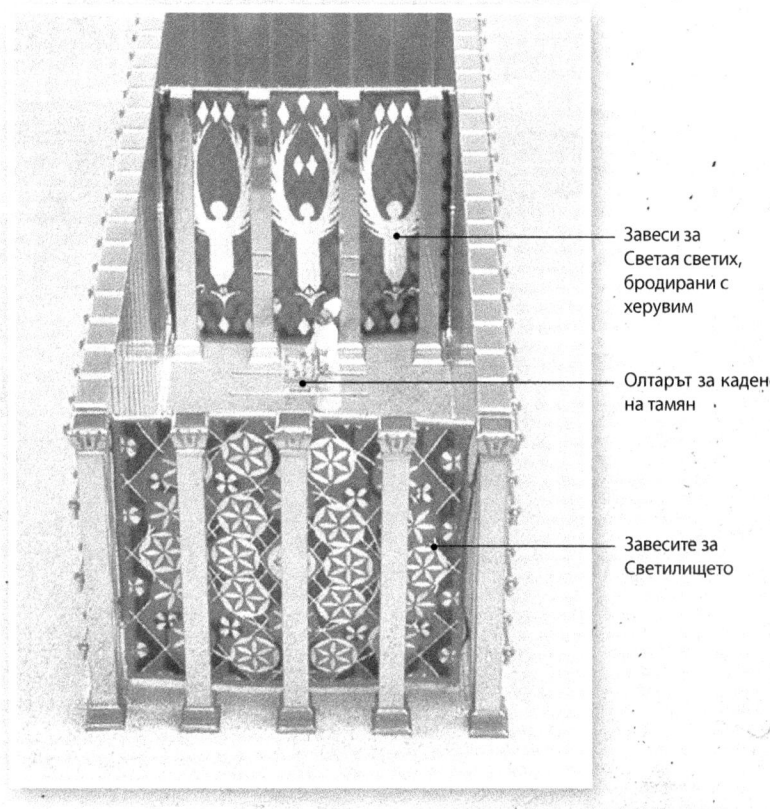

<Изображение 4>

Светилището с открити покрития

Пред завесите за Светилището и видими зад тях са олтарът за кадене на тамян и завесите за Светая светих.

Изображение

<Изображение 5>

Вътрешната част на Скинията

В центъра на Светилището е светилникът, направен от чисто злато (Изход 25:31), масата за хлябове за приношение (Изход 25:30) и отзад е олтарът за кадене на тамян (Изход 30:27).

Олтарът за кадене на тамян

Масата за хлябове за приношение

Светилникът

Изображение

<Изображение 9>

Вътрешната част на Светая светих

Задната стена на Светилището е отстранена, за да се вижда вътрешната част на Светая светих. Виждат се Ковчегът на завета, умилостивилището и завесите за Светая светих отзад. Един път в годината, облеченият в бяло първосвещеник влизал в Светая светих и напръсквал с кръвта на приношението.

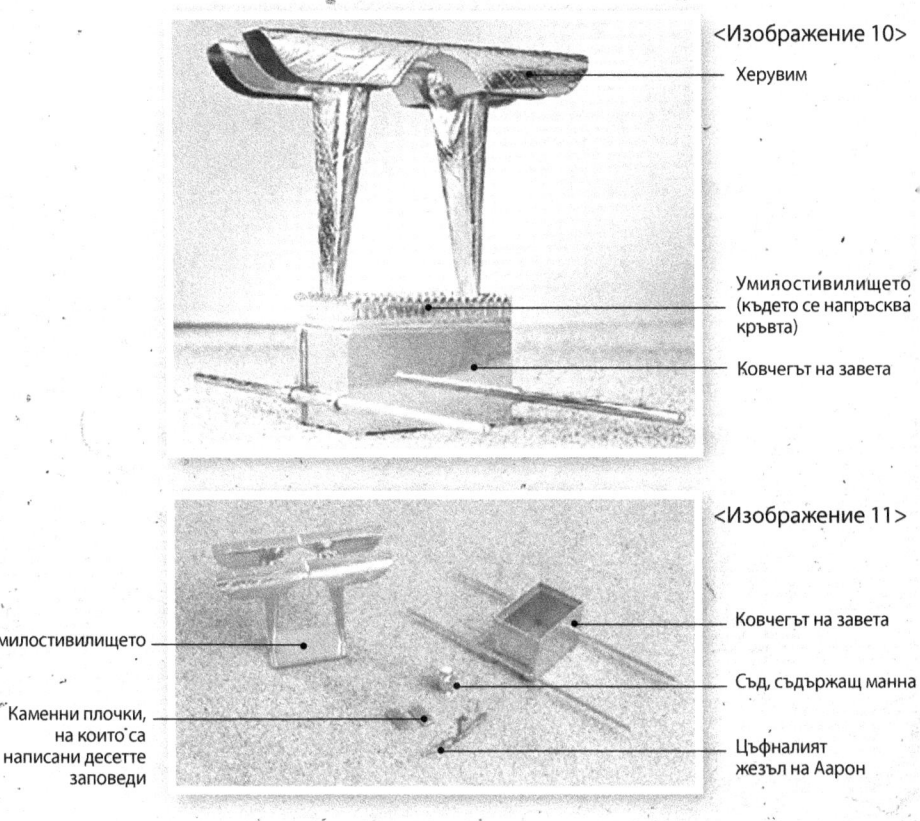

<Изображение 10>
- Херувим
- Умилостивилището (където се напръсква кръвта)
- Ковчегът на завета

<Изображение 11>
- Умилостивилището
- Каменни плочки, на които са написани десетте заповеди
- Ковчегът на завета
- Съд, съдържащ манна
- Цъфналият жезъл на Аарон

Ковчегът на завета и умилостивилището

Във вътрешната част на Светая светих е Ковчегът на завета, направен от чисто злато и върху него е умилостивилището. Умилостивилището е върху ковчега на завета (Изход 25:17-22), където се напръсква кръв един път в годината. В двата края на умилостивилището има два херувима, чиито крила го покриват (Изход 25:18-20). Във вътрешната част на Ковчега на завета има каменни плочки, на които са записани Десетте заповеди; съд, съдържащ манна и цъфналият жезъл на Аарон.

Изображение

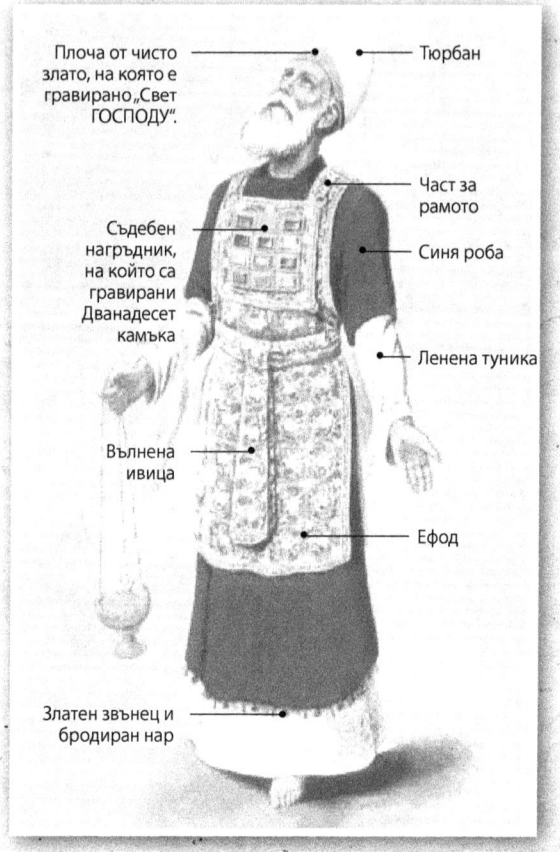

<Изображение 12>

Облеклото на първосвещеника

Първосвещеникът отговарял за поддръжката на Храма и контролирането на службите за приношение и веднъж в годината влизал в Светая светих, за да направи приношение на Бога. Всеки, който достигал длъжността на първосвещеника, трябвало да притежава Урим и Тумим. Тези два камъка, които били използвани за търсене на Божията воля, били поставени на съдебния нагръдник в горната част на ефода, носен от свещеника. „Урим" означава светлина и „Тумим" - съвършенство.

направен от бронз и бил достатъчно здрав, за да издържи на огъня. Огънят на олтара „излизал от пред Господа", когато скинията била пълна (Левит 9:24). Бог заповядал също огънят на олтара да гори винаги, никога да не угасва и всеки ден да се принасят в жертва две едногодишни агнета (Изход 29:38-43; Левит 6:12-13).

5. Духовно значение на приношенията с биволи и агнета

В Левит 1:2, Бог казал на Моисей: „Говори на израилтяните, казвайки им: Когато някой от вас принесе принос ГОСПОДУ, от добитъка нека принесе, от чердата или от стадата." По време на боготворителните служби, Божите деца Му отдават различни приношения. Освен десятъка, има приношения, включително благодарности, строителство и помощи. Въпреки това, Бог заповядва, че ако някой Му прави приношение, то трябва да е от „животни от стада и от черда". Тъй като този стих има духовно значение, ние няма да правим това, което стихът гласи буквално, а първо трябва да разберем духовното значение и след това да изпълним Божията воля.

Какво духовно значение има отдаването на животни от стада и от черда? Това означава, че трябва да почитаме Бог с духа и истината и да предложим себе си като живо и свято пожертвуване. Това е „духовно служение" (Римляни 12:1). Винаги трябва да бъдем внимателни в молитвата и да се държим по свят начин пред Бога не само по време на боготворителни служби, но и в ежедневния ни живот. Тогава нашето преклонение и всички наши приношения ще бъдат дадени на Бога като живо и свято пожертвуване, което Бог ще счита за духовно служение.

Защо Бог заповядал на хората от Израел да Му предлагат биволи и агнета сред всички животни? Биволите и агнетата, сред всички зверове, най-добре представляват Исус, който станал помирително приношение за спасението на човечеството. Нека да разгледаме сходствата между „биволите" и Исус.

1) Биволите носят товара на хората.

Така, както биволите носят товара на хората, Исус понесъл нашето бреме на греха. В Матей 11:28 Той ни казва: „Дойдете при Мене всички, които се трудите и сте обременени, и Аз ще ви успокоя". Хората се борят и полагат всички усилия да постигнат богатство, чест, знание, слава, престиж, сила и всичко друго, което желаят. Освен различните товари, които носят, хората носят също бремето на греха и живеят сред изпитания, нещастия и мъчение.

Исус понесъл товара и бремето на живота като станал приношение, проливайки кръвта на изкуплението чрез разпъването Му на дървен кръст. Чрез вяра в Господа, хората могат да разтоварят всички свои проблеми и товари на греха и да се радват на мир и спокойствие.

2) Биволите не причиняват трудности на хората; те само са от полза за тях.

Биволите не само работят покорно за хората, те осигуряват

също мляко, месо и кожа. От главата до копитата, нито една част от тялото на бивола не е безполезна. Исус по същия начин бил само от полза за хората. Чрез свидетелството за евангелието на Небето на бедните, болните и изоставените, Той им дал утеха и надежда, освобождавайки веригите на порочността и лекувайки болести и недъзи. Дори да не бил способен да спи или да се храни, Исус положил всички усилия да проповядва Божието слово на последната душа по всякакъв начин. Чрез принасяне на Своя живот и разпъването Му на кръста, Исус открил пътя на спасението за грешниците, които вървяли към Ада.

3) Биволите осигуряват прехрана за хората с тяхното месо.

Исус дал на хората Своята плът и кръв, за да направят хляб от тях. В Йоан 6:53-54 Той ни казва: „Ако не ядете плътта на Човешкия Син, и не пиете кръвта Му, нямате живот в себе си. Който се храни с плътта Ми и пие кръвта Ми, има вечен живот; и Аз ще го възкреся в последния ден."

Исус е Божието слово, който дошъл на този свят като човек от плът. Следователно, да ядем от плътта на Исус и да пием от кръвта Му означава да направим хляб от Божието слово и да живеем според него. Така, както хората живеят като се хранят и пият, ще получим вечен живот и ще отидем на Небето само ако се храним и правим хляб от Божието слово.

4) Биволите разорават земята и я превръщат в плодородна почва.

Исус култивирал почвата на човешките сърца. В Матей 13 е записана притча, която сравнява човешкото сърце с четири различни вида полета: поле край пътя; скалисто поле; поле от тръни и поле с добра почва. Тъй като Исус ни изкупил за всички наши грехове, Светият дух направил обиталище в сърцата ни и ни дава сила. Нашите сърца ще се превърнат в добра почва с помощта на Светия дух. Като вярваме в кръвта на Исус, който позволил да ни бъдат простени всички грехове и старателно спазваме истината, нашите сърца ще се превърнат в плодородна, богата и добра почва и ще бъдем способни да получим благословии духовно и физически като пожънем 30, 60 и 100 пъти повече от това, което сме посяли.

Какви сходства има между агнетата и Исус?

1) Агнетата са кротки.

Когато говорим за кротки или спокойни хора, ние обикновено ги оприличаваме с кротостта на едно агне. Исус е най-спокойният от всички хора. В Исая 42:3 пише за Исус: „Смазана тръстика няма да пречупи и замъждял фитил няма да угаси; ще постави правосъдие според истината." Дори с грешниците и извратените или с онези, които се покаяли, но отново съгрешили, Исус е търпелив до край, чакайки ги да се върнат от своите пътища. Тъй като Исус е Син на Създателя Бог и има властта да унищожи цялото човечество, Той останал търпелив с нас и показал Своята любов, дори когато грешниците Го разпъвали на кръста.

2) Агнето е покорно.

Агнето следва покорно навсякъде, където го води овчарят и остава спокойно, дори когато го стрижат. Както 2 Коринтяни 1:19 гласи: „Защото Божият Син, Исус Христос, който биде проповядван помежду ви от нас, (от мене, Сила и Тимотея), не стана Да и Не но в него стана Да", Исус не настоявал на Своята воля, но останал покорен на Бога до смъртта Си. По време на Своя живот, Исус ходил единствено на места, избрани от Бога и правел само това, което Бог желаел да прави. Накрая, въпреки че знаел много добре за неизбежните страдания на кръста, Той го носил покорно, за да изпълни волята на Бащата.

3) Агнетото е чисто.

Тук агнето е едногодишно, мъжко, което все още не било чифтосвано (Изход 12:5). Агнето на тази възраст може да се сравни с очарователен и чист човек в своята младост - или непорочния и неопетнен Исус. Агнетата също доставят кожа, месо и мляко; те никога не вредят и винаги са от полза за хората. Както беше споменато по-рано, Исус предложил Своята плът и кръв и дал последната част от Себе Си. В пълно подчинение на Бащата Бог, Исус изпълнил Божията воля и унищожил стената от грях между Бог и грешниците. Дори и днес, Той непрекъснато култивира сърцата ни, за да се превърнат в чиста и плодородна почва.

Така, както хората се изкупвали от греховете чрез биволи и агнета по времето на Стария завет, Исус предложил Себе Си като пожертвувание на кръста и постигнал вечно изкупление чрез Неговата кръв (Евреи 9:12). Като вярваме в този факт, трябва ясно да разберем как Исус станал приемливо за Бога пожертвувание, за да останем винаги благодарни за любовта и благоволението на Исус Христос и да живеем като Него.

Глава 3

Приношение за всеизгаряне

„Свещеникът да изгори всичките [младия бивол] на олтара, като всеизгаряне, жертва чрез огън, благоуханна ГОСПОДУ."

Левит 1:9

1. Значение на приношението за всеизгаряне

Приношението за всеизгаряне, първото от всички приношения, записани в Левит, е най-старото от всички. Етимологията на „приношение за взеизгаряне" е „да го оставим да стане". Приношението на всеизгаряне е пожертвуване, поставено на олтара и оставено да изгори напълно. То символизира пълното пожертвуване на човека, неговата всеотдайност и доброволна служба. Удовлетворяването на Бога с благоуханния аромат от изгарянето на животно, принесено в жертва като приношение на всеизгаряне, е най-обичайният метод за принасяне в жертва и служи като знамение за факта, че Исус понесъл нашите грехове и предложил Себе Си като пълно пожертвуване, превръщайки се в благовонно приношение за Бог (Ефесяни 5:2).

Удовлетворяването на Бог с аромата не означава, че Бог усеща мириса на пожертваното животно. Това означава, че Той приема аромата на сърцето на човека, който Му отдава приношението. Бог преглежда в каква степен човек се страхува от Бога и с какъв вид любов дава приношението. Тогава Той получава предаността и любовта на този човек.

Убиването на едно животно, за да го принесем в жертва за всеизгаряне за Бог, означава да отдадем на Бог самия ни живот и да спазваме всичките Му заповеди. С други думи, духовното значение на приношението за всеизгаряне означава да живеем изцяло според Божието слово и да Му предложим всеки аспект от нашия живот по чист и свят начин.

В днешно време, това е израз на нашето сърце в обещанието да дадем живота си на Бог според волята Му като присъстваме на служби за Великден, празника на жетвата, Деня на Благодарността, Коледа и всяка неделя. Преклонението пред Бог всяка неделя и спазването на свещения неделен ден служи като доказателство, че сме Божи деца и че духът ни Му принадлежи.

2. Жертвоприношение за всеизгаряне

Бог заповядал, че едно приношение за всеизгаряне трябва да е „мъжко животно без недостатъци", което символизира съвършенство. Той иска мъжки животни, защото те обикновено се считат за по-предани на своите висшестоящи от женските. Те не се олюляват напред назад и отляво надясно, не са лукави и не се колебаят. Също така, фактът, че Бог иска приношението да бъде „без недостатъци" означава, че човек трябва да се прекланя с дух и с истина и не трябва да Го почита с пречупен дух.

Родителите ни с удоволствие ще приемат нашите подаръци, когато ги правим с любов и грижа. Те няма да ги приемат с радост, ако ги даваме неохотно. В същия смисъл, Бог няма да приеме преклонение, което Му е предложено без радост или с умора, сънливост или блуждаещи мисли. Той с радост ще приеме нашето преклонение, когато дълбочините на сърцето ни са изпълнени с надежда за Небето, благодарност за благоволението за спасение и любовта на Нашия Господ. Само тогава Бог ни дава начин да се избавим в периоди на изкушение и нещастие и позволява всичките ни начинания да са успешни.

„Младият бивол", който Бог заповядал да се принесе в жертва в Левит 1:5 се отнася за млад бивол, който все още не е чифтосван и духовно се отнася за чистотата и почтеността на Исус Христос. Следователно, в този стих е отразено желанието на Бог за нас да застанем пред Него с чисто и искрено сърце на дете. Той не иска да се държим детински или незряло, а желае да подражаваме на детското сърце, което е просто, покорно и смирено.

Рогата на младия бивол още не са пораснали, затова не пробожда и не е злонамерен. Това са качествата на Исус Христос, който е любезен, смирен и кротък като дете. Тъй като Исус Христос е непорочен и съвършен Син на Бога, приношението, което Му прилича, трябва също да е непорочно и неопетнено.

В Малахия 1:6-8 Бог строго упреква израилтяните, които Му дали развалени и несъвършени приношения:

„Син почита баща си и слуга господаря си. Ако, прочее, съм Аз баща, где е почитта към Мене? И ако съм Господар, где е страхът от Мене? Казва ГОСПОД на Силите на вас, Свещеници, които презирате името Ми. Но вие казвате: В какво показахме презрение към името Ти? Принасяте осквернен хляб на олтара Ми. Но вие казвате: С какво Те осквернихме? С това, че казвате: "Трапезата Господна е за презиране." И когато принесете сляпо животно за жертва, не било лошо! И когато принесете куцо или болно, не било лошо! Принеси го сега на началника си? Ще бъде ли благоразположен към тебе? Или ще те приеме ли?" Казва Господ на Силите."

Трябва да отдадем на Бог непорочно, неопетнено и съвършено приношение като Го почитаме с дух и истина.

3. Значение на различни видове приношения

Богът на справедливостта и милосърдието вижда човешкото сърце. Следователно, Той не се интересува от размера, стойността или разходите за приношението, а степента на грижите, с които всеки човек го е направил чрез вяра, според неговите обстоятелства. Както Той ни казва в 2 Коринтяни 9:7, „Всеки да дава според както е решил в сърцето си, без да се скъпи, и не от принуждение; защото Бог обича онзи, който дава на драго сърце", Бог с удоволствие приема, когато му даваме радостно според нашите обстоятелства.

В Левит 1, Бог обяснява с големи подробности как трябва да се принасят в жертва биволи, агнета, кози и птици. Въпреки че биволите без недостатъци са най-подходящи за отдаване на Бог като приношения за всеизгаряне, някои хора не могат да си позволят биволи. Ето защо, в Неговата милост и състрадание, Бог позволил на хората да Му дадат агнета, кози или гълъби според обстоятелствата и условията на всеки човек. Какво духовно значение има това?

1) Бог приема приношенията, които са Му направени, според способността на всеки.

Финансовата способност и обстоятелствата са различни за хората; малката сума за някои хора може да е голяма сума за други. Поради тази причина, Бог с радост приел агнета, кози или гълъби, които хората Му предлагали според възможностите на всеки. Това е справедливостта и любовта на Бога, с които Той позволил на всички хора, независимо дали богати или бедни, да участват в приношенията според възможностите на всеки.

Бог няма да приеме с радост една коза, отдадена Му от някой, който може да си позволи бивол. Въпреки това, Бог с радост ще приеме и бързо ще отговори на желанията на сърцето на някого, който Му е дал бивол, когато всичко, което може да си позволи, е коза. Независимо дали Му отдавали бивол, агне, коза или гълъб, Бог казал, че всички те били „благоуханни" (Левит 1:9, 13, 17). Това означава, че макар и да има различия в отдадените приношения, когато отдаваме на Бога от дълбочините на нашите сърца, за Бог, който вижда човешкото сърце, няма различия, защото всички са утешителни аромати за него.

В Марко 12:41-44 има сцена, в която Исус хвали една бедна вдовица за направеното от нея приношение. Двете дребни медни монети, които тя дала, имали най-малка стойност за времето си, но за нея били всичко, което имала. Независимо колко малко е приношението, то е удовлетворително за Бога, когато го отдаваме според нашите способности и охотно.

2) Бог приема преклонението според интелекта на всеки човек.

Когато слушаме Божието слово, полученото разбиране и благоволение е различно според индивидуалния интелект, образователното равнище и знанието. Дори по време на една и съща боготворителна служба, в сравнение с някои хора, които са по-умни и са учили повече, способността да разберем и да запомним Божието слово е по-малка за хората, които не са толкова интелигентни и не са вложили толкова време в учене. Тъй като Бог знае това, Той иска всеки човек да се прекланя според неговия интелект от дълбочините на своето сърце и да разбере и да живее според Божието слово.

3) Бог приема преклонението според възрастта и умствените способности на всеки човек.

С напредване на възрастта, хората имат по-слаба памет и способност за разбиране. Ето защо много възрастни хора не могат да разберат или да запомнят Божието слово. Въпреки това, когато тези хора посветят себе си на службата от все сърце, Бог познава индивидуалните им обстоятелства и с радост ще приеме преклонението им.

Имайте предвид, че когато един човек се покланя сред вдъхновението на Светия дух, Божията сила ще бъде с него, дори и да му липсва мъдрост или знание, или да е в напреднала възраст. Чрез делото на Светия дух, Бог му помага да разбере и да направи хляб от Словото. Ето защо, не се отказвайте с думите: „Нямам достатъчно" или „Опитах, но пак не мога", но се старайте да положите всички усилия от дълбочините на Вашето сърце и потърсете Божията сила. Нашият Бог на любовта с удоволствие приема приношения, които са Му отдадени с максимални усилия на всеки човек и според индивидуалните обстоятелства и условия. Поради тази причина Той описал толкова подробно в Левит приношенията за всеизгаряне и провъзгласил Неговата справедливост.

4. Приношение на биволи (Левит 1:3-9)

1) Млади биволи без недостатъци на входа на Шатъра за срещи

В скинията се намира Светилището и Светая светих. Само свещеник имал право да влиза в Светилището и само първосвещеникът влизал в Светая светих един път в годината. Ето защо, обикновените хора, които нямали право да влизат в Светилището, правели приношения за всеизгаряне с млади биволи на входа на шатъра за срещи.

Въпреки това, Исус разрушил стената от грях, която се издигала между Бога и нас и сега имаме пряка и близка връзка с Него. Хората от времето на Стария завет извършвали приношения на входа на шатъра за срещи с делата си. В днешно време, Светият дух превърнал нашето сърце в Негов храм, живее в него и има близост с нас, затова хората от епохата на Новия завет сме получили правото да застанем пред Бог в Светая светих.

2) Да положи ръката си на главата на животното за всеизгаряне за прехвърляне на греха и заколване

В Левит 1:4 четем: „Да положи ръката си на главата на животното за всеизгаряне, и ще бъде прието за него, за да извърши умилостивение за него. После да заколи телето пред ГОСПОДА." Полагането на ръка върху главата на животното за всеизгаряне символизира прехвърлянето на греховете на приношението за всеизгаряне и само тогава Бог ще прости греховете чрез кръвта на жертвата за всеизгаряне.

Полагането на ръката, освен прехвърлянето на греха, означава също благословии и миропомазване. Знаем, че Исус полагал ръка върху човека, когато благославял деца или лекувал болните от болести и недъзи. Чрез полагане на ръката, апостолите предавали Светия дух на хората и даренията ставали още повече. Също така, полагането на ръка означава, че предметът бил отдаден на Бога. Когато един проповедник полага неговата или нейната ръка върху различни приношения, това показва, че те са отдадени на Бога.

Благословенията при завършване на боготворителните служби или молитви имат за цел Бог да приеме с охота тези служби или събрания. В Левит 9:22-24 има сцена, в която първосвещеникът Аарон „повдигнал ръцете си към людете и ги благословил" след като отдал на Бог приношенията за грях и всеизгаряне според установените от Него начини. Когато спазим свещен Божия ден и завършим службата с благословение, Бог ни защитава от врага дявол и Сатаната, както и от изкушенията и нещастията и ни позволява да се радваме на големи благословии.

Какво означава за хората да заколят един млад бивол без недостатъци като приношение за всеизгаряне? Тъй като отплатата за греха е смърт, човек заколвал животни от негово име. Младият бивол, който още не е чифтосван, е прекрасен като невинно дете. Бог искал всеки човек, който извършвал приношение са всеизгаряне, да го отдава със сърце на невинно дете и никога да не съгрешава отново. За тази цел, Той искал всеки човек да се покае за греховете си и да открие сърцето си.

Апостол Павел добре знаел какво искал Бог и затова, дори и след като получил опрощение на греховете си и властта и силата като дете на Бога, той „умирал ежедневно". Той признал в 1 Коринтяни 15:31, „Братя, с похвалата, с която се гордея за вас в Христа Исуса нашия Господ, аз всеки ден умирам", защото можем да предложим нашето тяло като свято и живо пожертвувание на Бога само след като сме отхвърлили всичко, което противоречи на Бога, като сърце на неистини, арогантност, алчност, стереотипи, формирани от собствения начин на мислене, собствената праведност и всичко друго което е порочно.

3) Свещеникът напръсква с кръв около олтара
След заколване на младия бивол, на който са прехвърлени

греховете на човека, извършващ приношението, свещеникът напръсква кръвта около олтара на входа на шатъра за срещи. Така е, защото според Левит 17:11: „Защото живота на тялото е в кръвта, която Аз ви дадох да правите умилостивение на олтара за душите си; защото кръвта е, която, по силата на живота, който е в нея, прави умилостивение", кръвта символизира живота. Поради същата причина, Исус пролял Неговата кръв, за да ни изкупи от греховете.

„Около олтара" означава на изток, на запад, на север и на юг или по-просто казано „навсякъде, където човек отива". Напръскването с кръвта „около олтара" означава, че греховете на човека са простени навсякъде, където отива. Това означава, че ще получим опрощение на греховете, извършени по всякакъв начин и насока за пътя, който Бог иска да поемем, далеч от посоките, които със сигурност трябва да избягваме.

Същото е и днес. Олтарът е амвонът, от който Божието слово се провъзгласява и служителят на Господ, който ръководи службата за преклонение, играе ролята на свещеника, който напръсква кръвта. На боготворителни служби, ние слушаме Божието слово и чрез вяра и силата на кръвта на нашия Господ получаваме опрощение за всичко, което сме направили и което противоречи на Божията воля. След като получим опрощение на греховете чрез кръвта, ние трябва да ходим само там, където Бог ни казва да ходим, за да стоим винаги далеч от греха.

4) Одиране на приношението за всеизгаряне и нарязването му на парчета

Животното, което е отдадено за всеизгаряне, трябва да бъде одрано и след това напълно изгорено. Животинските кожи са здрави, трудни за пълно изгаряне и отделят неприятна миризма при горене. Следователно, за да може едно животно да бъде приношение с приятен аромат, то трябва първо да бъде одрано. За кой аспект от боготворителните служби в днешно време е приложима тази процедура?

Бог усеща миризмата на човека, който Го почита и не приема нищо, което не е благоуханно. За да бъде преклонението приятен аромат за Бога, ние трябва „да отхвърлим външния вид, опетнен със света и да застанем пред Бога по божествен и свят начин." По време на нашия живот срещаме различни аспекти, които не се считат за грешни от Бога, но изобщо не са божествени или святи. Възможно е все още да остават такива светски аспекти, които са били в нас преди нашия живот в Христос и екстравагантността, суетата и самохвалството могат да се проявят.

Например, някои хора обичат да ходят на пазари или супермаркети, за да „разглеждат", затова ходят редовно да пазаруват. Други са пристрастени към телевизия или видеоигри. Ако нашите сърца са запленени от такива неща, ние се отдалечаваме от Божията любов. Също така, ако се вгледаме в себе си, ще открием прояви на неистината, опетнени от света и прояви, които са несъвършени пред Бога. За да бъдем съвършени пред Бога, трябва да отхвърлим всичко това. Когато се прекланяме пред Него, трябва първо да се покаем за всички тези светски аспекти на живота, за да станат сърцата ни по-божествени и по-святи.

Разкаянието за греховните, нечисти и несъвършени прояви на петната от света преди боготворителна служба е равностойно на одирането на едно животно в приношение на всеизгаряне. За да направим това, трябва да подготвим сърцата ни да бъдат праведни като пристигнем рано за служба. Постарайте се да отдадете молитва за благодарност на

Бога за това, че Ви е простил за всички грехове и Ви закриля и отдайте молитва на разкаяние, докато разглеждате себе си.

Когато хората отдавали на Бога животни, които били одрани, нарязани на парчета и изгорени, Бог в замяна прощавал прегрешенията и грешките им и позволявал на свещеника да използва по свое усмотрение оставащите кожи. „Нарязването на парчета" се отнася за отделянето на главата и краката, страните, задните части и вътрешностите.

Когато поднасяме дини или ябълки на нашите по-възрастни, ние не им даваме плодовете цели, а ги белим и ги сервираме в представителен вид. По същия начин, когато отдаваме приношения на Бога, ние не изгаряме цялото приношение, а Го представяме по подреден и организиран начин.

Какво е духовното значение на „нарязване на парчета"?

Първо, има категоризация на различните видове преклонения пред Бога. Има сутрешна и вечерна неделна служба, вечерна служба в сряда и нощна петъчна служба. Разделението на боготворителните служби е равностойно на „нарязване на парчета" на тези приношения.

Второ, разделението на съдържанието на нашата молитва е равностойно на „нарязване на парчета" на приношенията. Обикновено, молитвата се поделя на разкаяние и прогонване на злите духове, последвано от молитва на благодарност. След това преминава към теми за църквата; изграждането на Светилището; за духовниците и църковните работници; за спазване на задълженията; за успеха на душата; за желанията на сърцето и заключителна молитва.

Разбира се, можем да се молим докато вървим по улицата, шофираме или си почиваме. Можем да имаме времена на приближаване в спокойствие, докато мислим и медитираме за Бог и Нашия Господ. Имайте предвид, че освен времето за медитация, отделянето на време за разглеждане по отделно на темите на молитвата е толкова важно, колкото и нарязването на парчета на принесеното дарение. Бог тогава с удоволствие ще приеме молитвата Ви и ще отговори бързо.

На трето място, „нарязването на парчета" на приношението означава, че Божието слово като цяло е разделено на 66 книги. 66-те книги от Библията обясняват заедно живия Бог и провидението за спасение чрез Исус Христос. Въпреки това, Божието слово е разделено на отделни книги и съдържанията във всяка книга са съчетани без никакво несъответствие помежду им. Тъй като Божието слово е разделено на различни категории, Божията воля е предадена по-систематично и за нас е по-лесно да направим хляб от нея.

На четвърто място и това е най-важно от всичко, „нарязването на парчета" на приношението означава, че религиозната служба е разделена на и съставена от различни компоненти. Молитвата на разкаяние преди началото на службата е последвана от първия компонент, кратко време на медитация, което подготвя за и започва службата, която завършва с молитвата на Господ или благословение. Между тях има не само провъзгласяване на Божието слово, но и също посредническа молитва, възхвала, прочитане на съответната глава, приношение и други части. Всеки процес има своето значение и почитането в определен ред е равностойно на нарязването на парчета на приношението.

Така, както изгарянето на всички части на приношението завършва с принасянето на жертва за всеизгаряне, ние трябва да посветим себе си изцяло на религиозната служба, от начало до край, в нейната цялост. Присъстващите не трябва да закъсняват или да напускат по време на службата, за да се погрижат за лични неща, освен ако не е абсолютно необходимо. Някои хора трябва да изпълняват специални задължения в църквата, като доброволни дейности или да служат като помощници и в тези случаи може да е позволено да напуснете по-рано мястото си. Хората може да имат желание да отидат навреме за службите в сряда вечер или в петък през нощта, но да са принудени да закъснеят, поради работа или други неизбежни обстоятелства. Дори и тогава, Бог ще види сърцата им и ще получи аромата на тяхната почит.

5) Свещеникът запалва огън на олтара и слага дърва за горене

След нарязване на парчета на приношението, свещеникът трябва да подреди всички парчета на олтара и да ги запали. Ето защо, свещеникът е инструктиран да „запали огън на олтара и да сложи дърва в огъня". Тук „огън" в духовен смисъл означава огъня на Светия дух и „дърва в огъня" се отнася за контекста и съдържанието на Библията. Всяка дума от 66-те книги на Библията трябва да се използва като дърва за горене. „Поставянето на дърва за горене" в духовен смисъл означава да правим духовен хляб от всяка дума на Библията сред делата на Светия дух.

Например, в Лука 13:33 Исус казва: „Обаче трябва днес и утре и други ден да пътувам; защото не е възможно пророк да загине вън от Ерусалим." Всеки опит за буквалното тълкуване на този стих ще бъде напразен, защото знаем, че много хора на Бога, като апостолите Павел и Петър, умряли „извън Ерусалим". В този стих, „Ерусалим" не се отнася за физическия град, а за град, който съдържа Божието сърце и воля, който е „духовен Ерусалим", а това от своята страна е „Божието слово". Следователно, „Защото не е възможно пророк да загине вън от Ерусалим" означава, че един пророк живее и умира в границите на Божието слово.

Разбирането на това, което четем в Библията и на съдържанието на проповедите, които слушаме по време на службите, може да стане само с вдъхновението на Светия дух. Всяка част на Божието слово, което превишава човешкото познание, мисли и спекулации, може да бъде разбрана чрез вдъхновението на Светия дух и тогава ще повярваме в Словото от дълбочината на сърцето си. Накратко казано, ние растем духовно само, когато разбираме Божието слово чрез делата и вдъхновението на Светия дух, което води до предаването на Божието сърце в сърцата ни.

6) Поставяне на късовете, главата и тлъстината на дървата, които са върху огъня на олтара

В Левит 1:8 пише: „И свещениците, Аароновите синове, да сложат тия късове, главата и тлъстината, на дървата, които са върху огъня на олтара." За принасяне на жертвата за всеизгаряне, свещеникът трябва да постави нарязаните късове, главата и тлъстината.

Изгарянето на главата на приношението означава изгарянето на всички мисли на неистината, които се зараждат в главата. Така е, защото нашите мисли произлизат от главата и повечето грехове започват от мислите ни. Хората на този свят няма да осъдят някого като грешник, ако грехът му не се представя на действие. Въпреки това, както четем в 1 Йоаново 3:15: „Всеки, който мрази брата си, е човекоубиец", Бог нарича грях самото изпитване на омраза.

Исус ни изкупил от нашия грях преди 2,000 години. Той ни изкупил не само от греховете, които извършваме с нашите ръце и крака, но и с главата ни. Исус бил закован за Неговите ръце и крака, за да ни изкупи от греховете, които извършваме с ръцете и краката, и Той носил корона от тръни, за да ни изкупи от греховете, които се пораждат и извършваме в мислите си. Тъй като вече сме изкупени за греховете, които извършваме с мислите си, не е нужно да отдаваме на Бога главата на едно животно като приношение. Вместо главата на едно животно, ние трябва да изгорим мислите на неистината чрез огъня на Светия дух, като ги отхвърлим и винаги мислим праведно.

Когато се придържаме винаги към истината, няма повече да съхраняваме порочни или блуждаещи мисли. Тъй като Светият дух ръководи хората да отхвърлят блуждаещи мисли, да се съсредоточат върху посланието и да го запишат в сърцата си по време на службите, те ще почитат Бога по приемлив за Него начин.

Също така, тлъстината, която е твърдата мазнина на животното, е източник на енергия и живот. Исус станал пожертвуване до такава степен, че пролял цялата Си кръв и вода. Когато вярваме в Исус като наш Господ, няма вече да се нуждаем да предложим на Бога тлъстината от животни.

Въпреки това, „вярата в Господ" не се изпълнява само с признанието с устни: „Аз вярвам". Ако ние истински вярваме, че Господ ни е изкупил от греховете, трябва да отхвърлим греха, да се преобразим с Божието слово и да живеем свят живот. Дори и по време на почит, трябва да съберем цялата си енергия - нашето тяло, сърце, воля и крайни усилия и да предложим на Бога духовни боготворителни служби. Човек, който събере цялата си енергия за службата, не само ще съхрани Божието слово в главата си, но ще го спази в сърцето си. Само когато Божието слово е постигнато в сърцето, то може да стане живот, сила и благословии в духа и в плътта.

7) Свещеникът измива с вода вътрешностите и краката и предлага всичко в дим на олтара

Докато други части се принасят, както са, Бог заповядва вътрешностите и краката, нечистите части на животното, да бъдат измити с вода. „Измиването с вода" се отнася за измиването на нечистотиите на човека, извършващ приношението. Какви нечистотии има за измиване? Докато хората от времето на Стария завет измивали нечистотията на приношението, хората в Новия завет трябва да измиват нечистотията на сърцето.

В Матей 15 има една сцена, в която Фарисеите и писарите упрекнали учениците на Исус за това, че се хранили с неизмити ръце. Исус им казва: „Това, което влиза в устата, не осквернява човека; но това, което излиза от устата, то осквернява човека." (стих 11). Ефектите на това, което влиза в устата, завършват с неговото отделяне; въпреки това, думите, произнесени от устата, произлизат от сърцето и имат дълготрайни ефекти. Както Исус продължава в стихове 19-20, „Защото от сърцето произхождат зли помисли, убийства, прелюбодейства, блудства, кражби, лъжесвидетелства, хули. Тия са нещата, които оскверняват човека; а да яде с немити ръце, това не го осквернява", ние трябва да измием греха и злото от сърцето с Божието слово.

Колкото повече от Божието слово влезе в сърцата ни, толкова повече грях и злини ще бъдат отстранени и пречистени от нас. Например, ако човек прави хляб от любов и живее с него, омразата ще бъде отстранена. Ако човек прави хляб от скромност, тя ще замени арогантността. Ако човек прави хляб от истината, лъжата и измамата ще изчезнат. Колкото повече хляб от истината прави един човек и живее с нея, толкова повече греховна природа ще отхвърли. Естествено, вярата му ще расте стабилно и ще достигне равнището, което принадлежи на пълнотата на Христос. Според степента на неговата вяра, Божията сила и власт ще го придружават. Той не само ще изпълни желанията на сърцето си, но ще изпита благословии във всички аспекти на своя живот.

Едва след като вътрешностите и краката бъдат измити и поставени в огъня, ще издават приятен аромат. Левит 1:9 определя това като: „жертва чрез огън, благоуханна ГОСПОДУ". Когато отдаваме на Бог духовни боготворителни служби в духа и истината, в съответствие с Божието слово за приношенията за всеизгаряне, тази служба ще бъде приношението чрез огън, с което Бог е доволен и което предизвиква Неговите отговори. Нашето почитащо сърце ще бъде приятен аромат за Бог и ако Той е удовлетворен, ще ни даде благоденствие във всеки аспект на живота.

5. Приношение на овце или кози (Левит 1:10-13)

1) Млада мъжка овца без дефекти

Както приношението на биволи, независимо дали е коза или овца, приношението трябва да е младо, мъжко животно без дефекти. В духовно отношение, принасянето на непорочно животно се отнася до преклонението пред Бога със съвършено сърце, белязано с радост и благодарност. Божията заповед за приношение на мъжко животно означава „преклонение с твърдо и непоколебимо сърце". Докато приношението може да варира според финансовите възможности на всеки човек, отношението на човека, извършващ дарението, винаги трябва да бъде свято и съвършено, независимо от предмета.

2) Животното трябва да е убито в северната част на олтара и свещеникът напръсква кръвта му около четирите страни на олтара.

Както и в случаите за приношение на биволи, целта на напръскването с кръвта на животното по четирите страни на олтара е да се получи опрощение на греховете, извършени навсякъде - на изток, на запад, на север и на юг. Бог позволил изкуплението да става с кръвта на животното, което му е принесено, вместо с кръвта на човека.

Защо Бог заповядал принесеното животно да бъде убито в северната част на олтара? „Северната посока" или „северната страна" в духовен смисъл символизират студенина и тъмнина; това е израз, използван често, за да изрази нещо, за което Бог наказва, упреква или не е доволен.

В Еремия 1:14-15 четем:

„Тогава Господ ми рече: От север ще избухне зло Върху всичките жители на тая земя. Защото, ето, Аз ще повикам Всичките колена на северните царства, казва Господ; И те ще дойдат и ще поставят всеки престола си Във входа на ерусалимските порти, И срещу всичките стени около него, И срещу всичките Юдови градове."

В Еремия 4:6 Бог ни казва: „Издигнете знаме към Сион; Бягайте, не се спирайте; Защото Аз ще докарам зло от север, и голяма погибел." Както виждаме в Библията, „на север" означава Божието наказание и упрек и като такова, животното, на което се пренесени всички грехове на човека, трябва да бъде убито „в северната част", символ на проклятие.

3) Приношението е нарязано на парчета с неговата глава и тлъстина, поставени на дървета; вътрешностите и краката се измиват с вода; всичко това се принася с дим на олтара

По същия начин, както приношението на биволи за всеизгаряне, приношението за всеизгаряне на овце или кози, също може да се отдаде на Бога, за да получим опрощение на греховете, които сме извършили с нашите глави, ръце и крака. Старият завет е като сянката, а Новият завет е като формата. Бог иска да получим опрощение на греховете не само въз основа на делата, но и като обрежем сърцата ни и живеем според Словото Му. Това означава да отдадем боготворителни служби на Бога с цялото си тяло, сърце и воля и да направим хляб от Божието слово чрез вдъхновението на Светия дух, за да отхвърлим неистините и да живеем според истината.

6. Приношение на птици (Левит 1:14-17)

1) Гугутка или млад гълъб
Гълъбите са най-кротки и най-умни от всички птици и

се подчиняват много на хората. Тъй като месото на гълъбите е крехко и като цяло са от голяма полза за хората, Бог заповядал да бъдат принасяни гугутки или млади гълъби. Бог искал да бъдат принасяни млади гълъби, за да получи чисти и смирени дарения. Тези характеристики на младите гълъби символизират хуманността и кротостта на Исус, който станал пожертвувание.

2) Свещеникът занася приношението на олтара, извива главата му, разкъсва крилете му, но не ги отделя; свещеникът го принася в дим на олтара, с изцедена кръв отстрани на олтара.

Тъй като младите гълъби са много малки по размер, не е възможно да бъдат убити и след това нарязани на парчета, и се пролива само малко количество кръв. Поради тази причина, за разлика от други животни, които са убити в северната част на олтара, неговата глава е извита с изцедена от нея кръв; тази част включва също полагането на ръката върху главата на гълъба. Тъй като гълъбът има малко количество кръв, въпреки че кръвта на приношението трябва да се напръска около олтара, церемонията по изкупване се извършва само с изцедената кръв, поставена отстрани на олтара.

Също така, поради дребното му тяло, ако гълъбът е нарязан на парчета, формата му ще бъде неразпознаваема. Ето защо се представя само разкъсване на крилата на гълъба, но без да се отделят от тялото. Крилете са живота за гълъбите. Фактът, че крилете на гълъба са разкъсани, символизира пълното предаване на човек на Бога, включително и на живота му.

3) Кожата на приношението, заедно с перата се поставя на източната страна на олтара, на мястото на пепелта.

Преди поставяне на птицата за приношение в огъня, се отстранява нейната кожа и перушина. Въпреки че вътрешностите на биволите, агнетата и козите не се изхвърлят, а се изгарят след измиването им с вода, вътрешностите и кожата на гълъба са много трудни за почистване и затова Бог позволява да бъдат изхвърлени. Действието на изхвърляне на кожата и перата на гълъба, както и при почистването на нечистите части на биволи и агнета, символизира пречистване на нашите порочни сърца от греховно и неправедно поведение в миналото, чрез преклонение пред Бога в дух и истина.

Кожата и перушината на птицата трябва да бъдат оставени до олтара, в северната му част, на мястото на пепелта. В Битие 2:8 четем, че Бог: „насади градината на изток, в Едем, и постави там човека, когото беше създал". Духовното значение на „на изток" е място, заобиколено от светлина. Дори и на Земята, на която живеем, изток е посоката, от която изгрява слънцето и след неговия изгрев изчезва тъмнината на нощта.

Какво е значението на оставянето на кожата и перушината на гълъба в източната част на олтара?

Това символизира заставането ни пред Господ, който е Светлината, след като сме отхвърлили нечистотиите от грях и порок, чрез отдаването на Бог на приношение за всеизгаряне. Както четем в Ефесяни: 5:13, „А всичко, което се изобличава, става явно чрез светлината; понеже всяко нещо, което става явно е осветлено", ние отхвърляме нечистотиите на греха и порока, които сме разкрили и ставаме Божи деца, чрез заставането ни пред Светлината. Следователно, оставянето на нечистотиите на изток в духовен смисъл означава как ние, които сме живяли сред духовни нечистотии - грехове и злини, отхвърляме греха и ставаме Божи деца.

Чрез приношения за всеизгаряне на биволи, агнета, кози и птици, ние разбираме Божията любов и справедливост. Бог заповядал приношения на всеизгаряне, защото искал хората на Израел да живеят всеки момент от живота си в пряка и интимна близост с Него, чрез отдаване на приношения за всеизгаряне. Когато запомните това, аз се надявам да се прекланяте в духа и истината и не само да спазвате свещен Божия ден, но да предлагате на Бога благоуханен аромат на Вашето сърце през всички 365 дни в годината. Тогава Нашият Бог, който ни обещал: „Весели се, тъй също, в ГОСПОДА; и Той ще ти даде попросеното от сърцето ти." (Псалми 37:4), ще ни залее с благоденствие и чудесни благословии навсякъде, където отиваме.

Глава 4

Хлебно приношение

„Когато принесе някой ГОСПОДУ хлебен принос, нека бъде от чисто брашно; и да го полее с дървено масло и да тури на него ливан."

Левит 2:1

1. Значение на хлебното приношение

Левит 2 обяснява хлебното приношение и как трябва да бъде принесено на Бог, за да бъде живо и свято пожертвуване, което да Го удовлетвори.

Както четем в Левит 2:1: „Когато принесе някой ГОСПОДУ хлебен принос, нека бъде от чисто брашно", хлебното приношение е приношение, отдадено на бога, с чисто брашно. Това е приношение на благодарност на Бога, който ни дал живот и ни осигурява насъщния хляб. В днешно време, то означава благодарствено приношение по време на неделната боготворителна служба, принесено на Бога за това, че ни е закрилял през изминалата седмицата.

В приношенията на Бога се изисква проливане на кръвта на такива животни като биволи или агнета, като приношение за грях. Така е, защото опрощението на нашите грехове чрез проливането на кръвта на животни осигурява предаването на нашите молитви и молби на Светия Бог. Въпреки това, хлебното приношение е благодарствено приношение, което обикновено не изисква отделно проливане на кръв и се отдава заедно с приношение за всеизгаряне. Хората давали на Бог техните първи плодове и други добри неща от зърната, които отглеждали, като хлебно приношение за това, че им дал семената, които да посадят, дал им храна и ги закрилял до узряване на реколтата.

Обикновено дарявали брашно като хлебно приношение. Използвали фино брашно, изпечен във фурната хляб и рано узрели пресни зърна, подправени с олио и сол, като добавяли и тамян. Тогава предлагали една шепа от дарението в дим, за да удовлетворят Бог с аромата.

В Изход 40:29 четем: „Положи олтара за всеизгарянето при входа на скинията, сиреч шатъра за срещане, и принесе на него всеизгарянето и хлебния принос, според както ГОСПОД беше заповядал на Моисея." Бог заповядал при отдаване на приношение за всеизгаряне, да се предлага също и хлебен принос в същото време. Следователно, ние ще отдадем на Бога пълна боготворителна служба само, когато Му принесем благодарствени приношения на неделните боготворителни служби.

Етимологията на „хлебно приношение" е „принос" и „дарение". Бог не иска да присъстваме на различни боготворителни служби с празни ръце, а да покажем на дело сърцето на благодарност, като Му принесем благодарствени дарения. Поради тази причина Той ни казва в 1 Солунци 5:18, „За всичко благодарете, защото това е Божията воля за вас в Христа Исуса" и в Матей 6:21, „защото гдето е съкровището ти, там ще бъде и сърцето ти".

Защо трябва да благодарим за всичко и да предлагаме на Бога хлебни приношения? Първо, цялото човечество е вървяло по пътя на унищожението заради неподчинението на Адам, но Бог ни дал като изкупление за греховете ни. Исус ни изкупил от греховете и чрез Него сме постигнали вечен живот. Тъй като Бог, който създал всичко на вселената и хората, сега е нашият Баща, ние можем да се радваме на властта като Божи деца. Той ни позволил да притежаваме вечното Небе - как може да има друг път за нас, освен да Му благодарим?

Бог ни дава също слънцето и контролира дъждовете, ветровете и самия климат, на който се радваме, за да пожънем обилна реколта, чрез която ни дава ежедневния хляб. Трябва да Му благодарим. Също така, Бог е този, който защитава всички нас от този свят, в който изобилстват грехове, несправедливости, болести и произшествия. Той отговаря на нашите молитви, предложени с вяра и винаги ни благослови, за да водим победоносен живот. Ето защо, как бихме могли да не Му благодарим!

2. Приноси за хлебното приношение

В Левит 2:1 Бог казва: „Когато принесе някой Господу хлебен принос, нека бъде от чисто брашно; и да го полее с дървено масло и да тури на него ливан." Зърната, предложени на Бог като хлебно приношение, трябва да бъдат от чисто брашно. Божията заповед зърната да бъдат от „чисто брашно" показва вида на сърцето, с което трябва да Му принесем дарения. За да се направи чисто брашно от зърната, те трябва да преминат през множество процеси, включително беленe, смилане и пресяване. Всеки от тях изисква голямо усилие и грижа. Цветът на храната, направена с чисто брашно, е прекрасен на вид и тя е много по-вкусна.

Духовното значение на Божията заповед зърното да бъде „от чисто брашно" означава, че Бог ще приеме приношенията, приготвени с максимална грижа и с радост. Той с радост приема, когато покажем на дело сърцето на благодарност, а не когато просто благодарим с устни. Следователно, когато даваме десятъци или приношения за благодарност, трябва да сме сигурни, че отдаваме от все сърце, за да ги приеме Бог с удоволствие.

Бог е ръководителят на всички неща и Той заповядва

на хората да Му принесат дарения, но не защото Му липсва нещо. Той има силата да увеличи богатството на всеки човек и да отнеме притежанията на всеки. Причината, заради която Бог иска да получи дарения от нас е, за да ни благослови още повече и изобилно чрез приношенията, които правим за Него с вяра и любов.

Както четем в 2 Коринтяни 9:6, „А това казвам, че който сее оскъдно, оскъдно ще и да пожъне; а който сее щедро, щедро ще и да пожъне" - да пожънем според това, което сме посяли е закон в духовното царство. Ето защо, за да ни благослови още повече, Бог ни учи да Му принасяме дарения за благодарност.

Когато вярваме в този факт и правим приношения, ние трябва да отдаваме естествено от все сърце, както бихме отдали на Бога дарения от чисто брашно и ние трябва да Му дадем най-ценните дарения, които са непорочни и чисти.

„Чисто брашно" означава също характера и живота на Исус, които са съвършени. Написаното ни учи също, че така, както полагаме най-големи грижи, за да направим чисто брашно, трябва да живеем в работа и подчинение.

Когато отдавали хлебни приношения с брашното от зърната, те го смесвали с дървено масло, изпичали го във фурната или го слагали като питки на скарата или в тиган за печене, след това го отдавали в дим на олтара. Фактът, че хлебните приношения били предлагани по различни начини, означава, че хората изкарвали по различен начин прехраната си и имали различни причини, за да благодарят.

С други думи, освен причините, заради които ние винаги благодарим в неделя, можем да благодарим за това, че сме получили благословии или отговори на желанията на нашето сърце; че сме преодоляли изкушения и изпитания с вяра и др. Така, както Бог заповядва „да благодарим за всичко", трябва да търсим причини, за да бъдем благодарни и да благодарим подобаващо. Само тогава Бог ще приеме аромата на нашите сърца и ще осигури наличието на многобройни причини, за да благодарим в живота си.

3. Отдаване на хлебно приношение

1) Хлебно приношение с чисто брашно, полято с дървено масло и ливан

Наливането на дървено масло в чистото брашно помага за превръщането му в тесто и получаването на чудесен хляб, а добавянето на ливан повишава цялостното качество и външен вид на приношението. Когато е занесено на свещеника, той взема шепа от чистото брашно, шепа от маслото с ливан и го принася в дима на олтара. Тогава издава благоуханен аромат.

Какво значение има наливането на дървено масло в чистото брашно?

„Дървено масло" тук се отнася за мазнината от животни или маслата, извлечени от растенията. Смесването на чистото брашно с „дървеното масло" означава, че трябва да дадем всяка унция и малко от нашата енергия - през целия си живот - за приношения на Бога. Когато почитаме Бога или Му отдаваме приношения, Той ни дава вдъхновението и пълнотата на Светия дух и ни позволява да водим живот, в който имаме пряка и близка връзка с Него. Наливането на дървено масло означава, че когато даваме нещо на Бога, ние трябва да правим това от все сърце.

Какво означава да сложим ливан на приношението?

В Римляни 5:7 четем: „Защото едва ли ще се намери някой да умре даже за праведен човек; (при все че е възможно да дръзне някой да умре за благия)." Да, в съответствие с Божията воля Исус умрял за нас, които не сме нито праведни, нито добри, а грешни. Колко благоуханен бил ароматът на любовта на Исус за Бога? По този начин Исус унищожил властта на смъртта, възкръснал, седнал от дясната страна на Бога, станал Цар на царете и безценен аромат за Бога.

Ефесяни 5:2 ни призовава: „И ходете в любов, както и Христос ви възлюби и предаде Себе Си за нас принос и жертва на Бога за благоуханна миризма." Когато Исус бил принесен на Бог като пожертвуване, Той бил като приношение с ливан на него. Следователно, така, както сме получили Божията любов, ние също трябва да предложим себе си като благоуханен и успокоителен аромат, както направил Исус.

„Слагането на ливан в чистото брашно" означава, че така, както Исус величал Бог с благоуханен аромат с Неговия характер и дела, ние трябва да спазваме Божието слово от все сърце и да Го възхваляваме, издавайки аромата на Христос. Само когато отдадем на Бог благодарствени дарения, издавайки аромата на Христос, нашите приношения стават хлебни приношения, заслужаващи приемането им от Бога.

2) Няма добавени квас или мед

Левит 2:11 гласи: „Никакъв хлебен принос, който принасяте Господу, да се не прави с квас; защото нито квас, нито мед не бива да изгаряте в жертва Господу." Бог заповядал да не се добавя квас към хляба, предложен на Бога, защото така, както тестото ферментира от кваса, духовният „квас" също ще поквари и ще развали приношението.

Неизменният и съвършен Бог иска нашите приношения да останат непокварени и принесени като чисто брашно - от дълбочините на нашите сърца. Следователно, когато принасяме приношения, трябва да правим това с неизменно, чисто и праведно сърце, и изпълнени с благодарност, любов и вяра в Бога.

Когато правят приношения, някои хора мислят как са възприети от другите и ги отдават формално. Други правят това със сърца, изпълнени със скръб и загриженост. Така, както Исус предупредил за кваса на Фарисеите, който е лицемерие, когато даваме, преструвайки се, че сме святи само привидно и търсейки признанието на другите, нашето сърце ще бъде като хлебно приношение, примесено с квас и няма нищо общо с Бога.

Ето защо, трябва да отдаваме без квас и от дълбочините на нашето сърце с любов и благодарност към Бог. Не трябва да отдаваме неохотно или със скръб и загриженост без вяра. Трябва да отдаваме щедро с твърда вяра в Бога, който ще приеме нашите дарения и ще ни благослови в духа и плътта. За да ни покаже духовното значение, Бог заповядал да не слагаме квас в приношението.

Въпреки това, понякога Бог ни разрешава да правим дарения, направени с квас. Тези приношения не се поставят в дим, а свещеникът ги движи напред и назад на олтара, за да изрази отдаването на приношение на Бога и след това ги връща на хората, за да ги споделят помежду си и изядат. Това се нарича „движим принос", при който, за разлика от хлебното приношение, било разрешено да се добави квас, когато процедурите били променени.

Например, хората с вяра посещават боготворителни служби не само в неделя, но и всички останали дни. Бог няма да вземе под внимание греховното им поведение, когато хората със слаба вяра посещават неделната служба, но не отиват на службите в петък през нощта или в сряда вечерта. Докато неделната служба следва строго-установен ред от заповеди, боготворителните служби с членове на една група или в домовете на църковни членове спазват също основна структура, състояща се от послание, молитва и възхвала, но процедурите могат да се регулират в зависимост от обстоятелствата. Макар и да спазваме основните и необходими правила, фактът, че Бог позволява известна гъвкавост в зависимост от индивидуалните обстоятелства или мярката на вярата, е духовното значение на отдаването на приношения с квас.

Защо Бог забранил да се добавя мед?

Подобно на кваса, медът също може да развали качествата на чистото брашно. Медът тук се отнася до сладкия сироп, произведен от сока на фурмите в Палестина, който може лесно да ферментира и да загние. Поради тази причина Бог забранил да се разваля брашното чрез добавяне на мед. Той казва също, че когато Божите деца Го възхваляват или Му отдават приношения, трябва да правят това със съвършено сърце, което не е измамно и не се променя.

Възможно е хората да помислят, че приношението изглежда по-добре с добавянето на мед. Въпреки това, независимо как изглежда нещо за хората, Бог е доволен да получи това, което е заповядал и което хората са обещали да Му дадат. Хората понякога дават обет да дадат нещо конкретно на Бог, но когато обстоятелствата се променят, те променят мнението си и дават нещо друго. Бог не обича, когато хората променят мнението си за това, което е заповядал, или за това, което са обещали, за да получат лична ползай с помощта на делата на Светия дух. Следователно, ако един човек е дал обет да предложи животно, той трябва непременно да го принесе на Бога, както е записано в Левит 27:9-10, който гласи: „Ако обрекът е за животно от ония, които се принасят Господу, всичко що дава някой Господу от тях ще бъде свето. Да го не промени, нито да замени добро животно с лошо или лошо с добро; и ако някога замени животното с животно, тогава и едното и другото, което го е заменило, ще бъдат свети."

Бог иска да Му отдаваме с чисто сърце не само, когато принасяме приношения, но във всичко. Ако има колебание или измама в човешкото сърце, това ще се отрази в поведение, което е неприемливо за Бога.

Например, цар Саул пренебрегнал Божите заповеди и ги променил по свое усмотрение. Впоследствие, той не се подчинил на Бога. Бог заповядал на Саул да унищожи царя, всички хора и животни на Амалек. Въпреки това, след като спечелил войната с Божията сила, Саул не следвал Божите заповеди. Той пощадил и върнал обратно царя на Амалек - Агаг и най-добрите животни. Дори и след порицаването му, Саул не се покаял, а продължил да не се подчинява и накрая бил пренебрегнат от Бога.

В Числа 23:19 пише: „Бог не е човек та да лъже, нито човешки син та да се разкае." За да може Бог да ни хареса, сърцето ни трябва първо да стане чисто сърце. Независимо колко добре изглежда нещо за един човек и за неговия начин на мислене, той никога не трябва да прави това, което Бог е забранил и това никога не трябва да се променя, дори и с течение на времето. Бог е удовлетворен, когато хората се подчиняват на Божията воля с чисто сърце и без промяна в сърцето. Той приема техните приношения и ги благославя.

Левит 2:12 гласи: „Тях принасяйте ГОСПОДУ, като принос от първите плодове; но да се не изгарят на олтара за благоухание." Приношението трябва да има благоуханен аромат, който Бог да приеме охотно. Тук Бог ни казва, че хлебните приношения не трябва да се поставят на олтара само с цел приношение в дим и издаването на аромат. Целта на нашето отдаване на хлебно приношение не е в действието, а в предлагането на Бог на аромата на сърцето ни.

Независимо колко хубави неща са предложени, ако това не е направено с такова сърце, с което Бог ще е доволен, те може да имат благоуханен аромат за човека, но не и за Бог. По подобен начин, подаръците на децата, поднесени на техните родители със сърце, изпълнено с благодарност и любов за благоволението да ги родят и да ги отгледат в любов, а не заради формалност, ще бъдат източник на истинска радост за родителите.

В същия смисъл, Бог не иска ние да даваме по навик и да се успокояваме: „Направих, каквото трябваше", а да издаваме аромата на нашето сърце, изпълнено с вяра, надежда и любов.

3) Подправете със сол

В Левит 2:13 четем: „И от хлебните приноси да подправяш

със сол всеки свой принос; да не оставяш да липсва от хлебния ти принос солта на завета на твоя Бог; с всичките си приноси да принасяш и сол." Солта се разтапя в храната, предотвратява развалянето й и й придава вкус, като я подправя.

„Подправянето със сол" в духовен смисъл означава „да правим мир". Така, както солта трябва да се разтопи в храната, за да добие вкус, изпълнението на ролята на солта, с която да правим мир, изисква пожертвуване чрез смъртта на егото. Следователно, Божията заповед за подправяне на приношението със сол означава, че трябва да отдаваме приношения на Бог, пожертвайки себе си, за да правим мир.

За тази цел, трябва първо да приемем Исус Христос и да имаме мир с Бог, борейки се до кръв, за да отхвърлим греха, злото, сладострастието и старото его.

Представете си, че някой съзнателно извършва грехове, които Бог счита за отвратителни и след това отдава приношение на Бог, без да се разкайва за греховете. Бог не може с радост да приеме приношението, защото е нарушен мирът между човека и Бога. Ето защо в псалми пише: „Ако в сърцето си бях гледал благоприятно на неправда, ГОСПОД не би послушал" (Псалми 66:18). Бог ще приеме с радост не само нашата молитва, но и нашите приношения, само след като се отдалечим от греха, постигнем мир с Него и Му отдаваме приношения.

Постигането на мир с Бог изисква всеки човек да пожертва своето его. Така, както признал Павел: „Умирам всеки ден", само когато един човек отрече себе си и пожертва егото си, ще постигне мир с Бога.

Трябва също да бъдем в мир с нашите братя и сестри във

вярата. Исус ни казва в Матей 5:23-24: „И тъй, като принасяш дара си на олтара, ако там си спомниш, че брат ти има нещо против тебе, остави дара си там пред олтара, и иди, първо се помири с брата си, тогава дойди и принеси дара си." Бог няма да приеме с радост нашето приношение, ако извършваме грях, действаме в зло и причиняваме болка на нашите братя и сестри в Христос.

Дори и ако един брат да ни е причинил зло, не трябва да го мразим или да негодуваме, а да му простим и да бъдем в мир с него. Независимо от причините, ние не можем да бъдем в противоречие, да спорим, да наранаваме или да предизвикваме нашите братя и сестри в Христос да се препъват. Само когато сме постигнали мир с всички хора и нашите сърца са изпълнени със Светия дух, с радост и благодарност, чувствата ни ще бъдат „подправени със сол".

Също така, в Божията заповед „Подправен със сол" се съдържа основното значение на завета, както намираме в „солта на завета на твоя Бог". Солта се извлича от океанската вода и водата означава Божието слово. Така, както солта винаги има солен вкус, Божието слово на завета никога не се променя.

„Да подправим със сол" приношенията, които даваме, означава да вярваме в неизменния завет на предания Бог и да отдаваме от все сърце. При отдаване на благодарствени приношения, трябва да вярваме, че Бог със сигурност ще ни възнагради и ще ни благослови 30, 60 и 100 пъти повече от това, което даваме.

Някои хора казват: „Аз не давам в очакване да получа благословии, а просто така". Въпреки това, Бог се радва повече на вярата на човек, който смирено търси Неговите благословии. Евреи 11 разказва, че когато Моисей пренебрегнал мястото на принца на Египет, той „очаквал възнаграждението", което Бог щял да му даде. Нашият Исус, който също търсил възнаграждението, приел унижението на кръста. Като гледал към големия плод - славата, с която Бог щял да го надари и спасението на човечеството - Исус бил способен да понесе ужасното наказание на кръста.

Разбира се, „търсенето на възнаграждение" на един човек е напълно различно от пресметливото сърце на друг, който очаква да получи дарение в замяна, защото вече е дал нещо. Дори и да няма възнаграждение, един човек в неговата любов към Бога е готов да отдаде дори собствения си живот. Въпреки това, Бог ще бъде още по-радостен от делата му, ако разбира сърцето на Нашия Баща Бог, който желае да го благослови и вярва в Божията сила, когато търси благословии. Бог е обещал човек да пожъне това, което е посял и ще даде на онези, които търсят. Бог е удовлетворен, когато отдаваме дарения в нашата вяра и Словото му, както и от вярата ни, с която молим за неговите благословии според обещанието Му.

4) Остатъкът от хлебното приношение принадлежи на Аарон и Синовете Му.

Докато приношението на всеизгаряне се отдава изцяло в дим на олтара, хлебното приношение е занесено на свещеника и само част от него се предлага на Бог в дим на олтара. Това означава, че макар и да е нужно да участваме в различни боготворителни служби, благодарствените приношения - хлебните приношения - се отдават на Бог, за да се използват за Божието царство и праведност и част от тях трябва да се използват за свещениците, които днес са служители на Господ и работници в църквата. Както пише в Галатяни 6:6: „А тоя, който се поучава в Божието слово, нека прави участник във всичките си блага този, който го учи", когато членове на църквата, които са получили благоволение от Бога, отдават благодарствени приношения, Божите служители, които проповядват Словото, споделят благодарствените дарения.

Хлебните приношения се отдават на Бог заедно с приношенията за всеизгаряне и служат като образец за живот в служба, който водил самият Христос. Следователно, трябва с вяра да отдаваме дарове от все сърце и най-много. Надявам се всеки читател да се прекланя по начин, който е правилен според Божията воля и да получава изобилни благословии всеки ден, отдавайки на Бог благоуханни приношения, с които Той е удовлетворен.

Глава 5

Примирително приношение

„Ако приносът му е примирителна жертва и го принесе от чердата, то, било че принесе пред ГОСПОДА мъжко или женско, трябва да бъде без недостатък."

Левит 3:1

1. Значение на примирителното приношение

В Левит 3 са записани изискванията за отдаване на примирително приношение. Примирителното приношение се състои от убиването на едно животно без недостатък, напръскването на олтара с кръвта му и принасянето на Бог на тлъстината му на олтара като благоуханен аромат. Въпреки че процедурите за извършване на примирително приношение са подобни на тези за извършване на приношение за всеизгаряне, има множество различия. Някои хора разбират погрешно целта на примирителното приношение и мислят за него като начин за получаване на опрощение на греховете; главната цел на приношенията за вина и грях са за опрощение на греховете.

Примирителното приношение има за цел да постигне мир между Бог и нас и с него хората изразяват благодарност, правят обещания на Бога и Му отдават дарения доброволно. Предложено отделно от хора, които са получили опрощение на греховете чрез приношения за грях и за всеизгаряне и сега имат пряка и близка връзка с Бога, целта на примирителното приношение е да постигнат мир с Бог, за да могат изцяло да Му вярват във всички аспекти на живота им.

Докато хлебното приношение, описано в Левит 2, се счита за благодарствено приношение, това е традиционно благодарствено приношение, направено от благодарност към Бог, който ни спасява, закриля и осигурява с ежедневния хляб и е различно от примирителното приношение и изразената в него благодарност. Освен благодарствените приношения, които отдаваме в неделя, ние отдаваме отделни благодарствени приношения, когато има специални причини да благодарим. Примирителните приношения включват приношения, направени доброволно, за да удовлетворят Бога, за да се отделим и да бъдем свети, за да живеем според Божието слово и да получим от Него желанията на сърцата ни.

Докато предлагането на примирителни приношения има множество значения, най-важната цел, въплътена в него, е да бъдем в мир с Бога. След като постигнем мир с Бога, Той ни дава силата, с която да живеем с истината, отговаря на желанията на нашето сърце и ни дава благоволението, с което да изпълним всички обети, които сме положили пред Него.

Както гласи 1 Йоаново 3:21-22: „Възлюбени, ако нашето сърце не ни осъжда, имаме дръзновение спрямо Бога: и каквото и да поискаме, получаваме от Него, защото пазим заповедите Му и вършим това що е угодно пред Него", когато станем уверени пред Бога, като живеем според истината, ще бъдем в мир с Него и ще изпитаме делата Му във всичко, което искаме от Него. Ако ние Го удовлетворим дори повече със специални приношения, можете ли да си представите колко по-бързо Бог ще ни отговори и благослови?

Следователно, задължително е да разберем правилно значенията и разликите между хлебното и примирителното приношение, за да позволим Бог с радост да приеме нашите дарения.

2. Приноси за примирителното приношение

Бог ни казва в Левит 3:1: „Ако приносът му е примирителна жертва и го принесе от чердата, то, било че принесе пред ГОСПОДА мъжко или женско, трябва да бъде без недостатък". Независимо дали приношението е агне или коза, дали е мъжко или женско, то трябва да е без дефекти (Левит 3:6, 12).

Приношението за всеизгаряне трябва да бъде мъжки бивол или агне без дефект. Това е, защото съвършеното пожертвуване за всеизгаряне за духовната боготворителна служба - символизира Исус Христос, непорочният Син на Бога.

Въпреки това, когато отдаваме на Бог примирителното приношение, за да бъдем в мир с него, няма нужда да отличаваме мъжко от женско животно, стига приношението да е без дефект. Римляни 5:1 показва, че няма разлика между мъжко и женско животно при отдаване на примирително приношение: „И тъй, оправдани чрез вяра, имаме мир с Бога, чрез нашия Господ Исус Христос". При постигане на мир с Бога чрез делата на кръвта на Исус на кръста, няма разлика между мъжко и женско животно.

Когато Бог заповядва приношението да бъде „без дефект", Той желае да Му отдаваме не с пречупен дух, а със сърце на красиво дете. Ние не трябва да отдаваме с неохота или търсейки признанието на другите, а доброволно с вяра. Единствено има смисъл за нас да отдаваме непорочно приношение, когато правим благодарствено приношение за Божието благоволение за спасение. Приношение, отдадено на Бога, за да Му вярваме във всички аспекти на нашия живот, за да бъде с нас и да ни защитава винаги, и за да живеем според волята Му, трябва да бъде най-добрият начин да отдаваме и да получим с най-голямата ни грижа и от все сърце.

При сравняване на приношенията за всеизгаряне и примирителните приношения, трябва да се отбележи един интересен факт: гълъбите били изключени от примирителните приношения. Защо е така? Независимо колко беден е един човек, всички хора трябва да принесат приношение за всеизгаряне и затова Бог позволил приношенията на гълъби, които имат изключително ниска цена.

Например, когато един начинаещ в живота в Христос със слаба и малка вяра посещава само неделните служби, Бог счита, че е направил приношение за всеизгаряне. Докато пълното приношение за всеизгаряне се отдава на Бог, когато вярващите живеят изцяло според Божието слово, поддържат пряка и близка връзка с Бог и се прекланят в духа и истината, в случай на един нов вярващ, който спазва единствено свещен Божия ден, Бог ще счита принасянето на гълъб за всеизгаряне, който има малка стойност, като приношение за всеизгаряне и ще го поведе по пътя на спасението.

Въпреки това, примирителното приношение не е задължително, а доброволно. То се отдава на Бог, за да позволи човек да получи отговори и благословии чрез Неговото удовлетворяване. Ако трябваше да се отдава гълъб с малка стойност, той щеше да загуби своето значение и цел като специално приношение и затова гълъбите били изключени.

Представете си, че един човек искал да отдаде приношение в изпълнение на клетва или обет, дълбоко желание, или да получи Божието лечение на неизличима или терминална болест. С какъв вид сърце трябва да се отдаде това приношение? То ще бъде подготвено с още по-голяма преданост от благодарствените приношения, отдавани на регулярна основа. Бог ще бъде най-доволен, ако Му предложим мъжки бивол или, в зависимост от индивидуалните обстоятелства, ако Му предложим женска крава, агне или коза, но стойността на един гълъб като приношение е прекалено незначителна.

Разбира се, това не означава, че „стойността" на едно

приношение зависи изцяло от неговата парична стойност. Когато всеки човек приготви приношението от все сърце и съзнание с най-голяма грижа, според собствените си обстоятелства, Бог ще оцени стойността на приношението, въз основа на духовния аромат, който се съдържа в него.

3. Отдаване на примирително приношение

1) Полагане на ръка на главата на жертвоприношението и убиване на животното на вратата на Шатъра за срещи

Ако човекът, който носи приношението, сложи ръката си върху главата на животното на вратата на шатъра за срещи, той му предава греховете си. Когато човек, отдаващ приношение, постави ръката си на животното, той го оставя като приношение на Бог чрез неговото миропомазване.

За да бъдат нашите приношения, върху които слагаме ръцете си, удовлетворително приношение за Бога, ние не трябва да определяме количеството според плътските мисли, а според вдъхновението на Светия дух. Само такива приношения ще бъдат приети с радост от Бога, отделени и миропомазани.

След като сложи ръката си върху главата на животното, човекът, извършващ приношението, го убива на вратата на шатъра за срещи. По времето на Стария завет, само свещениците могли да влизат в Светилището и хората убивали животните на вратата на шатъра за срещи. Въпреки това, тъй като стената от грях, издигаща се на нашия път към Бога, била унищожена от Исус Христос, днес имаме право да влезем в Светилището, да почитаме Бога и да имаме пряка и близка връзка с Него.

2) Синовете на Аарон, Свещениците пръскали с кръвта около олтара.

Левит 17:11 гласи: „Защото живота на тялото е в кръвта, която Аз ви дадох да правите умилостивение на олтара за душите си; защото кръвта е, която, по силата на живота, който е в нея, прави умилостивение." Евреи 9:22 също ни казва: „И почти мога да кажа, че по закона всичко с кръв се очистя; и без проливането на кръв няма прощение" и ни напомня, че ще бъдем спасени само чрез кръв. При отдаване на примирителни приношения на Бог за пряка и близка духовна връзка с Него, напръскването с кръв е необходимо, защото ние, чиято връзка с Бога е нарушена, никога няма да бъдем в мир с Него без делата на кръвта на Исус Христос.

Напръскването с кръв около олтара от страна на свещениците означава, че където и да ни отведат краката ни и при каквито и обстоятелства да се намираме, винаги ще постигнем мир с Бога. Кръвта се напръсква около олтара, за да символизира, че Бог е винаги с нас, върви с нас, защитава ни и ни благославя, където и да отиваме, във всичко, което правим и с когото и да се намираме.

3) От принесената жертва на примирителното приношение се представя чрез огън на ГОСПОД

Левит 3 описва методите за предлагане не само на биволи, но също на агнета и кози, като примирителни приношения. Тъй като методите са почти еднакви, ще разгледаме предлагането на биволи като примирителни приношения. При сравняване на примирителните и приношенията на всеизгаряне, ние знаем, че всички части на приношенията се отдават на Бога. Значението на приношенията на всеизгаряне е духовната служба на преклонение и тъй като преклонението се отдава изцяло на Бога, приношенията се изгаряли изцяло.

Въпреки това, при отдаване на примирително приношения не се отдават всички части на приношението. Както четем в Левит 3:3-4: „И от примирителната жертва нека принесе в жертва чрез огън Господу тлъстината, която покрива вътрешностите, и всичката тлъстина, която е върху вътрешностите, двата бъбрека с тлъстината, която е около тях към кръста, и булото на дроба, (което ще извади до бъбреците)", тлъстината, която покрива важни части на животинските вътрешности, трябва да се предложи на Бог като благоуханен аромат. Отдаването на тлъстината на различни части от животното означава, че трябва да бъдем в мир с Бог, където и да се намираме и при всякакви обстоятелства.

Да бъдем в мир с Бога означава също да бъдем в мир с всички хора и да търсим святост. Само когато сме в мир с всички хора, ще станем съвършени като Божи деца (Матей 5:46-48).

След отстраняване на тлъстината, която трябва да се даде на Бог, се отстраняват частите, запазени за свещениците. В Левит 7:34 четем: „Защото Аз взех от израилтяните, от примирителните им жертви, гърдите на движимия принос и бедрото на възвишаемия, и дадох ги на свещеника Аарона и на синовете му за тяхно вечно право от израилтяните." Така, както части от хлебните приношения били запазени за свещениците, части от примирителните приношения, които хората отдавали на Бога, били запазени за препитанието на свещениците и левитите, които служат на Бог и хората Му.

Същото е и по времето на Новия завет. Чрез приношенията, отдадени на Бог от вярващите, се извършва работата на Бога за спасение на душите и се поддържа препитанието на служителите на Господ и църковните работници. След отстраняване на частите за Бог и за свещениците, останалата част се консумира от човека, даващ приношението; това е характерно само за примирителното приношение. Консумирането на приношението от човека, който го прави, означава, че Бог ще покаже удовлетворението Си от приношението чрез представяне на отговори и благословии.

4. Законът за тлъстината и кръвта

Когато едно животно било убивано като приношение на Бога, свещеникът напръсквал кръвта му по олтара. Впоследствие, тъй като цялата тлъстина и мазнина принадлежала на ГОСПОД, тя се считала за свещена и се предлагала в дим на олтара, като благоуханен аромат, който удовлетворявал Бога. Хората от Стария завет не ядяли никаква тлъстина и кръв, защото тлъстината и кръвта са свързани с живота. Кръвта представлява живота на плътта и мазнината, като същност на тялото, е същото като живота. Тлъстината улеснява гладкото действие и дейностите на живота.

Какво е духовното значение на „тлъстината"?

„Тлъстината" означава основно най-голяма грижа от все сърце. Отдаването на тлъстината в приношение чрез огън означава, че ние отдаваме на Бог всичко, което имаме и което сме. Това се отнася до най-голяма грижа и всеотдайно сърце, с които човек отдава приношения, достойни за Божието приемане. Докато съдържанието при отдаването на благодарствени приношения на олтара, за да постигнем мир чрез удовлетворяването Му или отдаването на нас самите в набожност е важно, още по-важни са видът на сърцето и степента на грижата, с които отдаваме приношението. Ако човек, който е съгрешил в очите на Бог, прави едно приношение, за да бъде в мир с Него, то трябва да бъде отдадено с по-голяма набожност и с по-съвършено сърце.

Разбира се, опрощението на греха изисква отдаването на приношения за грях или вина. Въпреки това, има случаи, когато човек иска да постигне нещо повече от обикновено опрощение на греховете и да има истински мир с Бога като Го удовлетвори. Например, когато едно дете е съгрешило срещу своя баща и е наранило тежко сърцето му, бащиното сърце може да се размекне и да се постигне истински мир между тях, ако то положи всички усилия да удовлетвори баща си, а не само да му каже, че съжалява и да получи опрощение за прегрешенията си.

Също така, „тлъстината" се отнася за молитвата и за пълнотата на Светия дух. В Матей 25 има пет мъдри девици, които взели масло в своите светилници и пет неразумни девици, които не взели масло със себе си и по-късно не могли да видят младоженеца. Тук „масло" в духовно отношение означава молитвата и пълнотата на Светия дух. Само когато получим пълнотата на Светия дух чрез молитва и сме будни, няма да бъдем опетнени от плътски сладострастия и ще чакаме за Нашия Господ, младоженеца, след като подготвим себе си като Негови красиви булки.

Молитвата трябва да придружава примирителното приношение, отдадено на Бога, за да Го удовлетвори и да получи Неговите отговори. Тази молитва не трябва да бъде проста формалност; трябва да бъде отдадена от все сърце, с всичко, което имаме и всичко, което сме, както потта на Исус се превърнала в капки кръв, падащи на земята, докато се молил в Гетсиманската градина. Всеки, който се моли по този начин, със сигурност ще се бори и ще отхвърли греха, ще стане свят и ще получи отгоре вдъхновението и пълнотата на Светия дух. Когато такъв човек прави примирително приношение на Бога, Той ще бъде доволен и бързо ще му отговори.

Примирителното приношение е отдадено на Бога с пълно доверие, за да водим ценен живот в Неговата компания и под Неговата защита. В стремежа си да постигнем мир с Бога, трябва да се откажем от нещата, които не Му харесват; да Му отдаваме приношения от все сърце и с радост и да получим пълнотата на Светия дух чрез молитва. Тогава ще се изпълним с надежда за Небето и ще водим победоносен живот, постигайки мир с Бога. Надявам се всички читатели да получават винаги Божите отговори и благословии, молейки се с вдъхновението и пълнотата на Светия дух от все сърце и отдавайки Му примирителни приношения.

Глава 6

Приношение за грях

„Говори на израилтяните, като кажеш: Ако някой съгреши от незнание, като стори нещо, което ГОСПОД е заповядал да се не струва, ако помазаният свещеник съгреши, така щото да се въведат людете в престъпление, тогава за греха що е сторил нека принесе Господу юнец без недостатък в принос за грях."

Левит 4:2-3

1. Значение и видове приношение за грях

Чрез нашата вяра в Исус Христос и работата на Неговата кръв, ние сме получили опрощение на всички грехове и сме постигнали спасение. Въпреки това, за да може нашата вяра да бъде призната като истинска, ние трябва не само да признаем с устни, „Аз вярвам", но да го покажем на дела и искрено. Когато покажем на Бог като доказателство делата на вярата, които Той признава, Той ще види тази вяра и ще ни прости греховете.

Как можем да получим опрощение на греховете чрез вяра? Разбира се, всяко дете на Бога трябва винаги да върви в светлината и никога да не съгрешава. При все това, ако има стена между Бог и вярващия, който е извършил грехове, докато все още не е бил съвършен, той трябва да знае разрешенията и да действа подобаващо. Разрешенията се намират в Божието слово относно приношението за грях.

Приношението за грях е, както прочетохме, приношение, отдадено на Бога като изкупление за греховете, които сме извършили в живота си и методът варира според нашите отдадени от Бога задължения и индивидуалната мярка на вярата. Левит 4 описва приношенията за грях, които трябва да бъдат предложени от миропомазан свещеник, от цялото паство, от ръководител и от обикновените хора.

2. Приношението за грях на миропомазания свещеник

Бог казва на Моисей в Левит 4:2-3, „Говори на израилтяните, като кажеш: Ако някой съгреши от незнание, като стори нещо, което Господ е заповядал да се не струва, ако помазаният свещеник съгреши, така щото да се въведат людете в престъпление, тогава за греха що е сторил нека принесе Господу юнец без недостатък в принос за грях."

Тук, „синовете на Израел" в духовен смисъл се отнася за всички деца на Бога. Когато „някой съгреши от незнание, като стори нещо, което Господ е заповядал да се не струва" е времето, когато е нарушен Божият закон в Словото Му, записано в 66-те книги на Библията, които Той заповядал „да се не струва".

Когато един свещеник - според съвременните термини, проповедник, който учи и провъзгласява Божието слово - нарушава Божия закон, отплатите за греха достигат дори хората. Тъй като не учи паството си според истината и той самият не живее според нея, грехът му е тежък; дори и несъзнателно да е извършил грях, изключително объркващо е, че един проповедник не изпълнява Божията воля.

Например, ако един проповедник неправилно проповядва истината, паството ще повярва на думите му; ще предизвика Божията воля и църквата като цяло ще изгради стена от грях пред Бога. Той ни е казал: „Бъдете святи", „Въздържайте се от всякаква форма на зло" и „молете се непрекъснато". Какво ще се случи, ако един проповедник каже: „Исус ни е изкупил от всички наши грехове. Следователно, ще бъдем спасени, стига да ходим на църква?" Както Исус ни казва в Матей 15:14: „А слепец слепеца ако води, и двамата ще паднат в ямата". отплатата за греха на проповедника е висока, защото, както той, така и паството се отдалечават от Бога. Ако един свещеник съгрешава „така, щото да се въведат людете в престъпление", той трябва да принесе на Бога приношение за грях.

1) Мъжки бивол без дефекти, принесен като приношение за грях

Когато един миропомазан свещеник съгрешава, това е „така, щото да се въведат людете в престъпление" и той трябва да знае, че отплатите за греха му са високи. В 1 Царе 2-4 виждаме какво се случва, когато синовете на свещеника Ели извършват грехове, вземайки за себе си приношенията, които били отдадени на Бог. Когато Израел загубил война срещу Филистимците, синовете на Ели били убити и 30 000 пехотинци на Израел загубили живота си. Израилтяните като цяло, били подложени на големи страдания, като дори бил взет Ковчегът на Бога.

Ето защо, приношението за изкупление трябвало да бъде най-ценно от всичко: мъжки бивол без дефекти. Сред всички приношения, Бог приема с най-голяма охота мъжки биволи и мъжки агнета, като стойността на мъжките биволи е по-голяма. За приношението за грях, свещеникът трябва да предложи не само мъжки бивол, но бивол без дефекти; това в духовен смисъл означава, че приношението не може да бъде отдадено неохотно или без радост; всяко приношение трябва да бъде цяло живо пожертвуване.

2) Отдаване на приношение за грях

Свещеникът заная пред Господ бивола, който трябва да бъде принесен като приношение за грях, на вратата на шатрата за срещи; слага ръката си върху него; убива го; взема малко кръв от бивола и я заная в шатрата за срещи; потапя пръста си в кръвта и напръсква малко от нея седем пъти пред ГОСПОД, пред завесата на Светилището (Левит 4:4-6). Поставянето на ръка на главата на бивола означава прехвърлянето на греховете на човека върху животното. Тъй като човекът, който е извършил грехове, подлежи на смърт, чрез полагане на ръката си върху главата на приношението, той получава опрощение на греховете си, като ги прехвърля на животното, което убива.

Свещеникът тогава трябва да вземе от кръвта, да потопи в нея пръста си и да напръска Светилището от вътрешната страна на шатрата за срещи, пред завесата на Светилището. „Завесата на Светилището" е дебела завеса, която разделя Светилището от Светая светих. Приношенията обикновено се отдават не от вътрешната част на Светилището, а на олтара в двора на храма; въпреки това, свещеникът влиза в Светилището с кръвта на приношението за грях и я напръсква пред завесата, точно пред Светая светих, в която Бог обитава.

Потапянето на пръста в кръвта символизира акта на молитва за опрощение. Това означава, че човек не се разкайва само с устни или чрез положените обети, а получава също плода на отчаянието, чрез действителното отхвърляне на греха и злото. Потапянето на пръста в кръвта и напръскването с нея „седем пъти" - „седем" е съвършеното число в духовното царство - означава, че човек отхвърля изцяло греховете си. Човек може да получи пълно опрощение, само ако е отхвърлил греховете си и не съгрешава отново.

Свещеникът слага също част от кръвта върху роговете на олтара за благоуханното кадене, който е пред ГОСПОД в шатъра за срещи и излива цялата кръв в подножието на олтара за всеизгаряне, който е при входа на шатъра за срещане (Левит 4:7). Олтарът за благоуханно кадене - олтарът на тамяна - е олтар, подготвен за изгаряне на тамян; когато тамянът бил запален, Бог го приемал. Роговете в Библията представляват цар с неговото достойнство и власт; те се отнасят за Царя, нашия Бог (Откровение 5:6). Поставянето на кръв върху роговете на олтара с благоуханен тамян означава, че приношението е прието от Бог, нашия Цар.

Как да се покаем в днешно време по такъв начин, че Бог да го приеме? Както беше споменато по-горе, грехът и злото били отхвърлени чрез потапяне на пръст в кръвта на приношението за грях и нейното напръскване. След като сме разсъждавали върху и сме се разкаяли за греховете, трябва да отидем в светилището и да изповядаме греха в молитва. Така, както кръвта на приношението била поставена върху роговете, за да я приеме Бог, ние трябва да се изправим пред властта на нашия Бог, Царя и да Му предложим молитва на разкаяние. Ние трябва да отидем до светилището, да коленичим и да се молим в името на Исус Христос сред делата на Светия дух, който позволява да ни обземе духът на разкаянието.

Това не означава, че ние трябва да чакаме, докато стигнем до светилището, за да се разкаем. В момента, в който знаем, че сме съгрешили пред Бог, трябва веднага да се покаем и да се откажем от нашите пътища. Тук, отиването в Светилището се отнася за Свещения ден, Деня на Господ.

Докато само миропомазаните свещеници могли да общуват с Бог по времето на Стария завет, Светият дух направил обиталище в сърцето на всеки от нас и днес сме способни да се молим, за да имаме пряка и близка връзка с Бог сред делата на Светия дух. Молитвата за разкаяние може също да се предлага самостоятелно сред делата на Светия дух. Имайте предвид, че всяка молитва е направена правилно като спазваме свят Божия ден.

Един човек, който не спазва Божия ден, няма доказателство, че е дете на Бога духовно и няма да получи опрощение, дори и да предложи молитва на разкаяние.

Разкаянието е прието от Бога без съмнение не само, когато човек предлага молитва на разкаяние самостоятелно, осъзнавайки че се е разкаял, но и когато официално предлага молитва на разкаяние отново в светилището на Бога в Деня на Господ.

След поставяне на кръвта върху роговете на олтара с благоуханен тамян, цялата кръв се излива в подножието на олтара за приношение за всеизгаряне. Това е действие на пълно предлагане на Бог на кръвта, която е животът на приношението и в духовен смисъл означава, че се разкайваме с всеотдайно сърце. Получаването на опрощение за греховете, извършени срещу Бог, изисква разкаяние, предложено от все сърце, с цялото ни съзнание и с най-големи и искрени усилия. Всеки, който се е разкаял изцяло пред Бога, не би се осмелил да извърши същия грях отново пред Него.

След това, свещеникът отстранява тлъстината на принесения за грях бивол, за да я изгори на олтара за всеизгаряне - същата процедура, както за примирителната жертва, изнася навън от стана целия бивол, където се изсипва пепелта, за да изгори на дърва с огън цялото месо на бивола с главата му, краката му и вътрешностите му (Левит 4:8-12). „Да изгори на дърва с огън" означава, че човешкото его се унищожава в истината и само тя оцелява.

Така, както се отстранява тлъстината от примирителната жертва, тлъстината от приношението за грях също се отстранява и след това се предлага на олтара за изгаряне на дърва с огън. Предлагането на тлъстината на бивола за изгаряне на дърва с огън на олтара показва, че Бог приема само разкаянието, представено от все сърце, с цялото ни съзнание и усилия.

Докато всички части на приношението за всеизгаряне

се предлагат за изгаряне на дърва с огън на олтара, в приношението за грях се изгарят всички части с изключение на тлъстината и бъбреците извън стана, където се изсипва пепелта. Защо е така?

Тъй като приношението за всеизгаряне е духовна служба на преклонение, предназначена да удовлетвори Бога и да постигне близост с Него, то се отдава за изгаряне на дърва с огън на олтара в храма. Приношението за грях има за цел да ни изкупи от нечисти грехове, затова не може да бъде предложено на дърва с огън на олтара в храма и се изгаря напълно на място, далеч от мястото, където живеят хората.

Дори в днешно време, трябва да се стремим да отхвърлим напълно греховете, за които сме се разкаяли пред Бога. Трябва да запалим с огъня на Светия дух арогантността, гордостта, старото ни его от нашите времена в света, делата на греховното тяло, които са неправомерни пред Бог и т.н. Пожертвуванието, предложено на дърва с огън - биволът - е приело греховете на човека, който е сложил ръка върху него. Следователно, от този момент, този човек трябва да стане живо пожертвувание, което да удовлетвори Бог.

Какво трябва да направим днес, за да постигнем това?
По-нагоре бе обяснено духовното значение на качествата на принесения бивол и тези на Исус, който умрял, за да ни изкупи от греховете. Ето защо ако се покаем и предложим всички части на приношението, подобно на дарението отдадено на Бога, ние трябва да се променим по същия начин, по който Господ станал приношение за грях. Като служим старателно на църковните членове от името на нашия Господ, ние трябва да позволим на вярващите да разтоварят бремето си и да им осигурим само истината и добри неща. Чрез

нашето посвещение и съдействие на църковните членове, за да култивираме техните сърца в сълзи, последователност и молитва, ние трябва да преобразим нашите братя и сестри в истински, свети деца на Бога. Бог тогава ще счита разкаянието за истинско и ще ни води по пътя на благословиите.

Дори и да не сме проповедници, както четем в 1 Петрово 2:9, „Вие, обаче, сте избран род, царско свещенство, свет народ, люде, които Бог придоби", всички ние, които вярваме в Господ, трябва да станем съвършени като свещениците и истински деца на Бог.

Също така, приношението, отдадено на Бог, трябва да придружава разкаянието, когато правим изкупление за греховете ни. Всеки, който съжалява дълбоко и се разкайва за своите прегрешения, естествено ще бъде воден към отдаване на дарения и когато тези действия са придружени от подобно сърце, ще се счита, че търси пълно разкаяние пред Бог.

3. Приношението за грях на цялото паство

„Ако цялото общество израилтяни съгрешат от незнание, като сторят нещо, което Господ е заповядал да се не струва, та стават виновни, а това нещо се укрие от очите на обществото, когато се узнае грехът, който са сторили, тогава обществото да принесе юнец в принос за грях и да го приведе пред шатъра за срещане". (Левит 4:13-14).

В съвременния смисъл, „ако цялото общество израилтяни съгрешат" се отнася за съгрешението на цяла църква. Например, понякога има случаи, когато се образуват фракции в църквата сред проповедници, старейшини, старши дякони и те създават проблеми на цялото паство. Една фракция създава и започва спорове, след това цялата църква започва да съгрешава и издига висока стена от грях пред Бог, защото повечето членове са въвлечени в спорове и говорят лошо или изпитват негативни чувства помежду си.

Дори Бог ни е казал да обичаме нашите врагове, да служим на другите, да се смирим, да бъдем в мир с всички хора и да търсим святост. Колко смущаващо и съжалително е за Бог, когато служителите на Господ и техните паства са в разногласие или когато братята и сестрите в Христос си противоречат? Ако такива инциденти се случат в църквата, тя няма да получи Божията защита; няма да има изцеления и членовете ще срещнат трудности у дома и в бизнеса.

Как да получим опрощение за греха на цялото паство? Когато грехът на цялото паство е известен, това означава да занесем един бивол пред шатъра за срещи. Старейшините тогава поставят ръцете си върху приношението, заколват го пред ГОСПОД и го предлагат на Бог по същия начин като приношението за грях на свещеника. Пожертвуванието в приношението за грях за свещениците и цялото паство е еднакво по стойност и ценност. Това означава, че в очите на Бога, тежестта на греха, извършен от свещениците и от цялото паство, е еднаква.

Въпреки това, докато пожертвуванието в приношението за грях на свещеника трябва да бъде мъжки бивол без дефекти, пожертвуванието в приношението за грях на цялото паство трябва да бъде само един мъжки бивол. Това е, защото не е лесно за цялото паство да бъде едно сърце и да направи приношение в радост и благодарност.

Когато цялата църква днес е съгрешила и желае да се покае, възможно е сред членовете ѝ да има хора без вяра или хора, които отказват да се покаят с тревога в сърцата си. Тъй като не е лесно за цялото паство да Му принесе дарение без дефекти, Бог показал Своята милост в това отношение. Дори и някои хора да не са способни да направят приношението от все сърце, когато повечето църковни членове се покаят и се откажат от своите пътища, Бог ще получи приношението за грях и ще прости.

Тъй като не всеки член на паството е способен да сложи неговата или нейната ръка върху главата на приношението, старейшините, от името на паството, поставят своите ръце, когато цялото паство отдава на Бог приношение за грях.

Останалите процедури са еднакви с тези на приношението на свещеника за грях във всички стъпки - потапянето на пръста на свещеника в кръвта на приношението, напръскването й седем пъти пред булото на Светилището, поставянето на малко кръв върху роговете на олтара с благоуханен тамян и изгарянето на останалите части на приношението извън стана. Духовното значение на тези процедури е в пълното отказване от греха. Трябва също да предложим молитва на разкаяние в името на Исус Христос и чрез делата на Светия дух в Божието светилище за официално приемане на разкаянието. След като цялото паство се разкае от все сърце по този начин, грехът никога не трябва да се повтаря.

4. Приношение за грях на един първенец

В Левит 4:22-24 четем:

„А когато някой първенец съгреши, като от незнание стори нещо, което Господ неговият Бог е заповядал да се не струва, та стане виновен, ако му се посочи греха що е сторил, то за приноса си да донесе козел без недостатък;   и да положи ръката си на главата на козела и да го заколи на мястото, гдето колят всеизгарянето пред Господа; това е принос за грях."

Макар и да имат по-нисък ранг от свещениците, „първенците" са в позиция на ръководители и попадат в категория, различна от тази на повечето хора. Ето защо, първенците предлагат на Бог мъжки козли. Това е по-малко от мъжките биволи, предложени от свещениците, но повече от женските кози, предложени от обикновените хора, като приношения за грях.

С днешни термини, „първенци" в една църква представляват екип, ръководители или учители в неделното училище. Първенци са онези, които служат в позицията на ръководители за членовете на църквата. За разлика от мирянските членове или начинаещите във вярата, те са отделени пред Бога и затова, дори и да извършат същите грехове, трябва да отдадат на Бога по-голям плод на разкаяние.

В миналото, първенецът поставял ръката си на главата на мъжкия козел без дефекти, като му прехвърлял греховете си и след това го убивал пред Бог. Първенецът получава опрощение, когато свещеникът потапя пръста си в кръвта, поставя я върху роговете на олтара за всеизгаряне и излива останалата част от кръвта на приношението в основата на олтара. Подобно на приношението за мир, тлъстината на жертвата се предлага на всеизгаряне на олтара.

За разлика от свещеника, първенецът не напръсква кръвта на приношението седем пъти пред булото на Светилището; той показва разкаянието си чрез поставяне на кръв върху роговете на олтара за всеизгаряне и Бог я приема. Така е, защото степента на вярата е различна за свещеника и за първенеца. Тъй като свещеникът не трябва да съгрешава отново след като се разкае, той трябва да напръска кръвта на пожертвуванието седем пъти, съвършеното число в духовен смисъл.

Въпреки това, един лидер може несъзнателно да съгреши отново и поради тази причина не му е наредено да напръска кръвта на приношението седем пъти. Това е знамение за любовта и милостта на Бог, който иска да получи разкаяние от всеки човек според неговото или нейното равнище на вярата и да му/й даде опрощение. В описанието на приношението за грях, „свещеникът" е представен като „проповедник", а „първенецът" - като „работник на ръководна длъжност". Въпреки това, тези описания не се отнасят само до отдадени от Бога задължения в църквата, но и до степента на вярата на всеки вярващ.

Един проповедник трябва да бъде осветен с вярата и след това да му бъде поверено ръководството на паство от вярващи. Нормално е вярата на някого, който заема позицията на ръководител, като екип, първенец или учител в неделно училище, да бъде на различно равнище от това на обикновения вярващ, дори и още да не е постигнал съвършена святост. Тъй като равнището на вярата варира между това на един първенец и един обикновен вярващ, значението на греха и нивото на разкаянието, което Бог иска да приеме, са различни, дори и всички да са извършили еднакъв грях.

Това не означава, че е допустимо за един вярващ да мисли: „Тъй като вярата ми още не е съвършена, Бог ще ми даде друга възможност, дори и да съгреша по-късно" и да се разкае с такова сърце. Опрощението от Бог чрез разкаяние няма да бъде получено, ако човек съзнателно и умишлено съгрешава, а когато сгреши несъзнателно, осъзнае го по-късно и търси опрощение подобаващо. Освен това, след като извърши грях и се разкае за него, Бог ще приеме разкаянието само когато положи всички усилия със страстна молитва никога да не извършва отново същия грях.

5. Приношението за грях на обикновените хора

„Обикновени" са хората с малка вяра или обикновени членове на църквата. Когато обикновените хора съгрешават, те правят това от позицията на малка вяра и следователно тежестта на тяхното приношение за грях е по-малка от тази на свещеника или първенеца. Обикновеният човек трябва да предложи на Бог женска коза като приношение за грях, която има по-малка тежест от мъжкия козел без дефекти. Подобно на приношението за грях, направено от свещеник или първенец, свещеникът трябва да потопи пръста си в кръвта от приношението на обикновения човек, да я постави върху роговете на олтара за всеизгаряне и да излее останалата част на олтара.

Докато има вероятност един обикновен човек да съгреши отново по-късно заради своята слаба вяра, ако той съжали и отдаде сърцето си в разкаяние за греховете, Бог ще прояви състрадание и ще му прости. Следователно, по начина, по който Бог заповядал да бъде предложена една женска коза, заключаваме, че греховете, извършени на това ниво, могат да бъдат простени по-лесно от греховете, заради които трябва да се принесе мъжки козел или агне. Това не означава, че Бог позволява умерено разкаяние; човек трябва да предложи на Бог истинско разкаяние, решавайки никога да не съгрешава отново.

Когато един човек с малка вяра осъзнава и се разкайва за своите грехове и полага всички усилия да не ги повтаря отново, честотата, с която съгрешава, ще се намали от десет пъти на пет или три пъти и накрая ще бъде способен да спре напълно да съгрешава. Бог приема разкаянието, което е придружено от дела. Той няма да приеме разкаянието от един начинаещ вярващ, ако то е представено само на думи и без промяна в сърцето.

Бог ще се радва и ще харесва един начинаещ във вярата, ако се покае за греховете си винаги, когато ги разпознава и старателно ги отхвърля. Вместо да убеди себе си: „Вярата ми е до такава степен и това е достатъчно за мен", не само в разкаяние, но също и в молитва, преклонение и всеки друг аспект на живота в Христос, когато човек се стреми да надхвърли своите способности, той ще бъде обект на още повече преливаща любов и благословии от Бог.

Когато човек не бил способен да принесе женска коза и принасял агне, то също трябвало да бъде женско без дефект (Левит 4:32). Бедният давал две гургулици или две млади гълъбчета, или малко количество чисто брашно (Левит 5:7, 11). Богът на справедливостта така класифицирал и приемал приношенията за грях според степента на вярата на всеки човек.

Досега разгледахме как да направим изкупление и мир с Бог чрез представяне на приношенията, които Му отдават хората с различни рангове и задължения. Надявам се всеки читател да бъде в мир с Бог, като проверява винаги отдадените му от Него задължения и състоянието на вярата му, както и като се покае напълно за всички прегрешения и грешки, когато има стена от грях между него и Бог.

Глава 7

Приношението за вина

„Ако някой наруши закона, като от незнание съгреши относно посветените ГОСПОДУ вещи, то за престъплението си да принесе ГОСПОДУ овен от стадото без недостатък, достатъчен, според твоята оценка в сребърни сикли по сикъла на светилището, за принос за престъпление."

Левит 5:15

1. Значение на приношението за вина

Приношението за вина се отдава на Бог като компенсация за извършения грях. Когато хората на Бог съгрешават срещу Него, те трябва да Му принесат приношение за вина и да се покаят пред Него. В зависимост от вида на греховете, лицето, което е извършило греха, трябва не само да отвърне сърцето си от греховните пътища, но може да е необходимо също да поеме отговорност за своите прегрешения.

Например, един човек взима назаем една вещ на приятеля си, но я увреждa но невнимание. В този случай, не е достатъчно просто да каже: „Съжалявам". Той трябва не само да се извини, но и да компенсира приятеля си за съответната вещ. Ако той не е способен да го обезщети с подобен на повредения предмет, той трябва да плати на приятеля си сума, с която да компенсира загубата. Това е истинско разкаяние.

Отдаването на приношение за вина представлява създаването на мир чрез компенсирането или поемането на отговорност за прегрешенията. Също се отнася за разкаянието пред Бог. Така, както трябва да компенсираме за вредата, която сме причинили на нашите братя и сестри в Христос, трябва да Му покажем действия на разкаяние, след като сме съгрешили срещу Него, за да бъде пълно разкаянието ни.

2. Обстоятелства и методи за отдаване на приношение за вина

1) След извършване на фалшиво свидетелство

Левит 5:1 ни казва: „Ако някой съгреши в това, че, като е свидетел в някое дело, и чуе че го попитат с думи на клетва дали е видял или знае за работата, той не обажда, тогава ще носи беззаконието си." Има случаи, когато хората, дори и след като са се заклели да казват истината, правят фалшиво свидетелство, когато са застрашени интересите им.

Например, представете си, че собственото Ви дете е извършило престъпление и е обвинен невинен човек. Ако заемете свидетелското място, мислите ли, че ще бъдете достоверен свидетел? Ако запазите мълчание, за да защитите детето си и да навредите на други, хората няма да научат истината, но Бог вижда всичко. Ето защо, един свидетел трябва да свидетелства точно какво е видял и чул, за да осигури, че никой няма да пострада несправедливо в един честен процес.

Същото е и в нашия всекидневен живот. Много хора не предават правилно какво са чули и видяли и според тях предават неправилна информация. Други лъжесвидетелстват, като съчиняват истории, сякаш са видяли нещо, което не са. Заради такива лъжливи свидетелства, невинни хора са обвинени погрешно за престъпления, които не са извършили и страдат несправедливо. В Яков 4:17 четем: „Прочее, ако някой знае да прави добро и го не прави, грях е нему". Божите деца, които знаят истината, трябва да отличават с нея и да представят достоверно свидетелство, за да не могат другите да срещат трудности или да претърпят щети.

Ако добрината и истината са установени в сърцата ни, ние винаги ще говорим вярно за всичко. Ние няма да говорим лошо или да обвиняваме някого, да изопачаваме истината или да даваме неуместни отговори. Ако някой е навредил на другите, като не е направил необходимите изявления или е излъгал, той трябва да принесе на Бога приношение за вина.

2) След като сме влезли в контакт с нечисти неща
Ние четем в Левит 5:2-3,

„Ако някой се допре до каквo да е нечисто нещо, било, че е мърша на нечисто животно, или мърша на нечист добитък, или мърша на нечиста гадина, и ако не му е известно, че е нечист, пак ще бъде виновен. Или ако се докосне до човешка нечистота; или каквато и да е причината на нечистотата, чрез която някой се осквернява, и ако това е без знанието му, то щом знае за него, ще бъде виновен."

Тук, „какво да е нечисто нещо" в духовен смисъл се отнася за всяко неправомерно поведение, което противоречи на истината. Такова поведение обхваща всичко видяно, чуто или изговорено, както и неща, почувствани от тялото и сърцето. Има неща, които не сме считали за погрешни преди да научим истината. Въпреки това, след като научим истината, започваме да считаме тези неща за неправилни в очите на Бога. Например, когато не сме познавали Бога, възможно е да сме срещали насилие и такива неприлични материали, като порнография, но не сме осъзнавали, че са нечисти. Ние научаваме, че тези неща противоречат на истината, след като започнем нашия живот в Христос. След като осъзнаем, че сме направили неща, които се считат за нечисти, когато са сравнени с истината, ние трябва да се разкаем и да предложим на Бог приношения за вина.

Дори и в нашия живот в Христос, понякога несъзнателно

виждаме и чуваме порочни неща. Добре би било да опазим сърцата си, дори и след като видим или чуем такива неща. Тъй като има възможност вярващият да не е способен да опази сърцето си, а да приеме чувствата, които придружават такива нечисти неща, той трябва да се разкае веднага, когато разпознае греха и да предложи на Бога приношение за вина.

3) След като се закълне

Левит 5:4 гласи: „Или ако някой се закълне и обяви несмислено с устните си, че ще направи някакво си зло или добро нещо, то каквото и да обяви човек несмислено с клетва, и бъде без знанието му, когато узнае, ще бъде виновен в едно от тях." Бог ни е забранил да се кълнем „че ще направим добро или лошо".

Защо Бог ни забранява да се кълнем, да правим обет или да полагаме клетва? Нормално е Бог да ни забранява „да правим зло", но Той забранява също „да правим добро", защото човек не е способен да спази изцяло клетвата си (Матей 5:33-37; Яков 5:12). Докато не се е усъвършенствал с истината, сърцето на един човек може да се колебае според собствените си ползи и чувства и да не спази обещанието си. Освен това, в някои случаи врагът дявол и Сатаната навлизат в живота на вярващите и не им позволяват да изпълнят клетвата си като създават условия за обвинението им. Вижте този краен пример: Представете си, че някой се е заклел: „Ще направя това и това утре", но внезапно умира. Как ще изпълни клетвата си?

Поради тази причина, човек никога не трябва да се кълне да извърши зло и дори и да обещае да направи добро, вместо да се кълне, той трябва да се моли на Бог и да търси сили. Например, ако същият човек е дал обет да се моли непрекъснато, вместо да обещава: „Всяка вечер ще идвам на събирането за вечерна молитва", той трябва да се моли: „Боже, моля те, помогни ми да се моля непрекъснато и ме спаси от намесата на врага дявол и Сатаната". Ако някой се е молил прибързано, той трябва да се покае и да предложи на Бог приношение за вина.

Ако има грях в едно от трите обстоятелства по-горе, човек „нека принесе Господу за престъплението си, за греха, който е сторил, женско агне или яре от стадото в принос за грях. и свещеникът да направи умилостивение за него поради греха му." (Левит 5:6).

Тук, отдаването на приношение за грях е заповядано заедно с обяснението на приношението за вина. Така е, защото за греховете, за които се правят приношения за вина, трябва да се направят също приношения за грях. Приношението за грях, както бе обяснено по-рано, означава да се разкаем пред Бог, когато сме съгрешили и да се откажем напълно от този грях. Обяснено е също, че когато грехът изисква не само да се откажем от греховете, но и да поемем отговорност, приношението за вина прави разкаянието перфектно, когато плащаме за загубата или щетата, или поемаме отговорност чрез определени дела.

В такива обстоятелства, човек трябва не само да обезщети, но и да предложи на Бог приношение за вина, придружено от приношение за грях, както и да се разкае пред Бог. Дори и един човек да е съгрешил спрямо друг, тъй като е извършил грях, който не е трябвало да направи като дете на Бога, той трябва също да се покае пред своя небесен Баща.

Представете си, че един човек е измамил сестра си и е взел нейна собственост. Ако братът иска да се покае, той трябва първо да отдаде сърцето си в разкаяние пред Бога и да отхвърли алчността и измамата. След това трябва да получи опрощение от сестра си, спрямо която е съгрешил. Той трябва не само да се извини с устни, но и да я обезщети заради претърпяната загуба от делата му. Тук, „приношението за грях" на човека е действието на отвръщане от греха и разкаянието пред Бог и неговото „приношение за вина" е действието на разкаяние чрез търсенето на опрощение от сестра си и компенсирането й за загубата.

В Левит 5:6, Бог заповядва при отдаването на приношение за грях, което е придружено от приношение за вина, да се предлага женско агне или коза. В следващия стих четем, че всеки, който не може да си позволи агне или коза, трябва да предложи две гургулици или два млади гълъба, като приношение за вина. Обърнете внимание, че се предлагат две птици. Едната се предлага като приношение за грях, а другата - като приношение са всеизгаряне.

Защо Бог заповядал приношението за всеизгаряне да се предлага едновременно с приношението за грях с две гургулици или два млади гълъба? Приношението на всеизгаряне означава да спазваме свят съботния ден. В духовното преклонение това е предлагането на служба, посветена на Бог в неделните дни. Следователно, предлагането на две гълъбици или два млади гълъба като приношение за грях заедно с приношението за всеизгаряне означава, че разкаянието на човек е перфектно, спазвайки свят Божия ден. Съвършеното разкаяние означава не само непосредственото разкаяние, когато човек осъзнае, че е съгрешил, но и неговите признания на греховете и разкаянието в Божия храм в Неговия ден.

Ако един човек е толкова беден, че не може да предложи дори гургулици или млади гълъби, тогава трябва да предложи на Бог една десета от ефа (мярка, равняваща се на около 22 литра или 5 галона) или чисто брашно като приношение. Приношението за грях трябва да се направи с животно, защото е пожертвувание за опрощение. Въпреки това, в Неговата милост Бог позволил на бедните, които не били способни да Му предложат животно, да принесат брашно вместо това, за да получат опрощение на греховете си.

Има разлика между приношението за грях, направено с брашно и хлебното приношение, направено с брашно. Докато в хлебното приношение трябвало да се добави масло и ливан, за да бъде ароматно и да изглежда по-добре, в приношението за грях не трябвало да се добавя масло или ливан. Защо е така? Запалването на изкупителното приношение има същото значение като запалването на греховете.

Фактът, че в брашното не се добавят масло или ливан, в духовен смисъл ни говори за отношението, което трябва да имат хората, когато отиват пред Бог, за да се разкаят. 1 Царе 21:27 разказва, че когато цар Ахав се покаял пред Бог, той „раздра дрехите си, тури вретище на снагата си, пости и лежеше обвит във вретище, и ходеше внимателно". Когато човек разкъсва сърцето си в разкаяние, той естествено ще се държи подобаващо, ще упражнява самоконтрол и ще смири себе си. Той ще внимава какво говори и как се държи и ще покаже на Бог, че се стреми да води въздържан живот.

4) След като сме съгрешили срещу свети неща или сме причинили загуба на братя в Христос

В Левит 5:15-16 четем:

„Ако някой наруши закона, като от незнание съгреши относно посветените Господу вещи, то за престъплението си да принесе Господу овен от стадото без недостатък, достатъчен, според твоята оценка в сребърни сикли по сикъла на светилището, за принос за престъпление. И в каквото е съгрешил относно посветените вещи нека го плати, и нека му притури една пета, която да даде на свещеника. И свещеникът да направи умилостивение за него чрез принесения за престъпление овен, и ще му се прости."

„Посветените ГОСПОДУ вещи" се отнася за Божието светилище или за всички предмети в него. Дори един проповедник или човекът, който дава приношението, не може да вземе, да използва или да продава съзнателно предмет, който е отделен за Бог и се счита за свещен. Освен това, нещата, които трябва да пазим свещени, са ограничени не само до „свети неща", но се отнасят също за цялото светилище. Светилището е място, което е отделено от Бога и където Той е сложил името Си.

В светилището не трябва да се произнасят светски или порочни думи. Вярващите, които са родители, трябва също да възпитат добре децата си, за да не тичат и да не играят; да не вдигат шум; да не цапат или разхвърлят, да не повреждат нищо свято в светилището.

Ако светите неща на Бога са унищожени случайно, човекът, който е унищожил вещта, трябва да я замени с нова, която е по-добра, по-съвършена и без дефект. Освен това, замяната не трябва да бъде за сумата или стойността на повредената вещ, а „една пета от нея" трябва да се добави като приношение за вина. Бог заповядал така, за да ни напомни да действаме приемливо и със самоконтрол. Винаги, когато влизаме в контакт със святи неща, трябва да бъдем предпазливи и внимателни, за да не злоупотребим или повредим нещата на Бога. Ако повредим нещо заради нашата небрежност, трябва да се покаем от все сърце и да го заменим с предмет на по-голяма стойност или сума от тази на повредените предмети.

Левит 6:2-5 ни показва начините човек да получи опрощение на греховете, когато „излъже ближния си за нещо поверено нему, или за залог, или чрез грабеж, или като онеправдае ближния си" или „намери изгубено нещо и излъже за него, като се закълне лъжливо." Това е начин за разкаяние за съгрешенията, извършени преди човек да повярва в Бога и за разкаяние и получаване на опрощение, когато човек сам осъзнае, че несъзнателно е присвоил чужда собственост.

За да се изкупят такива грехове, на първоначалния собственик трябва да бъдат върнат не само взетия предмет, но и допълнителна „една пета" част от стойността му. Тук, „една пета част" не означава непременно, че частта трябва да се определи с цифри. Това означава също, че когато човек показва делата на разкаянието, това трябва да е от все сърце. Тогава Бог ще му прости всички грехове. Например, в някои случаи не всички прегрешения в миналото могат да бъдат оценени поотделно и възстановени с точност. В такива случаи, всичко което човек трябва да направи е, да покаже старателно разкаянието си от този момент нататък. С парите, спечелени в работата или бизнеса, той може старателно да даде за Божието царство или да осигури финансова помощ на хората в нужда. Когато той покаже такива дела на разкаяние, Бог ще разпознае сърцето му и ще му прости за греховете.

Моля, имайте предвид, че разкаянието е най-важната част от приношението за вина или за грях. Бог не иска от нас тлъсто теле, а съкрушен дух (Псалми 51:17). Следователно, почитайки Бога, ние трябва да се покаем за греха и злото от все сърце и да получим съответните плодове. Надявам се като предлагате на Бог преклонение и приношения по удовлетворителен за Него начин и живота Ви като приемливо за Него живо пожертвувание, да вървите винаги сред Неговата преливаща любов и благословии.

Глава 8

Принесете Вашето тяло в живо и свято пожертвувание

„И тъй, моля ви, братя, поради Божиите милости, да представите телата си в жертва жива, света, благоугодна на Бога, като ваше духовно служение."

Римляни 12:1

1. Хилядите приношения за всеизгаряне и благословии на Соломон

Соломон се качил на престола на 20-годишна възраст. От своето детство той бил възпитан във вяра от пророк Натан, обичал Бога и спазвал законите на своя баща, цар Давид. След като се изкачил на трона, Соломон предложил на Бог хиляда приношения на всеизгаряне.

По никакъв начин не било лесна задача предлагането на хиляда приношения на всеизгаряне. Имало много ограничения за мястото, времето, съдържанието на приношението и методите за извършване на приношения по времето на Стария завет. Освен това, за разлика от обикновените хора, цар Соломон се нуждаел от по-голямо пространство, защото го придружавали много хора и правил по-голям брой приношения. В 2 Летописи 1:2-3 пише: „Тогава Соломон говори на целия Израил, на хилядниците и стотниците, на съдиите и на всичките първенци от целия Израил, началниците на бащините домове. И така, Соломон и цялото общество с него, отидоха на високото място, което е в Гаваон; защото там беше Божият шатър за срещане, който Господният слуга Моисей беше направил в пустинята." Соломон отишъл в Гаваон, защото там бил Божият шатър за срещане, който Моисей построил в пустинята.

С цялото общество, Соломон отишъл пред „ГОСПОД на бронзовия олтар, който бил в края на шатъра за срещи" и Му предложил хиляда приношения на всеизгаряне. Обяснено беше по-горе, че приношението за всеизгаряне е приношение на Бог с аромата на изгореното животно и тъй като се принася живота на Бога, то означава пълно пожертвувание и преданост

Тази вечер, Бог се явил на Соломон на сън и го попитал: „Искай какво да ти дам" (2 Летописи 1:7). Соломон отговорил:

„Ти се отнесе с голяма любов към баща ми Давид и не направи цар на негово място. Сега, О ГОСПОДИ Боже, Твоето обещание към моя баща Давид е изпълнено, защото ме направи цар на народ, толкова многоброен, колкото е пясъкът на земята. Дай ми сега мъдрост и знание, за да мога да изляза и да се изправя пред тези хора, защото кой би могъл да ръководи Твоя народ?" (2 Летописи 1:8-10).

Соломон не искал богатства, притежания, чест, смъртта на враговете си или дълъг живот. Той искал само мъдрост и знание, с които да управлява добре народа си. Бог бил доволен от отговора на Соломон и дал на царя не само мъдрост и знание, които поискал, но също богатства, притежания и чест, за които не се помолил.

Бог казал на Соломон: „Дават ти се мъдрост и разум. при това ще ти дам богатство, имоти и слава, каквито не са имали царете, които са били преди тебе, нито ще имат някои след тебе." (стих 12).

Когато отдаваме на Бога духовна служба за преклонение по удовлетворителен за Него начин, Той в замяна ще ни благослови, за да преуспяваме във всички отношения и да имаме добро здраве с благоденствието на душата ни.

2. От ерата на Скинията до ерата на Храма

След като обединил царството и установил стабилност, имало едно нещо, което тревожело сърцето на Цар Давид, бащата на Соломон: Божият храм все още не бил построен. Давид бил смаян, че Божият кивот се намирал зад завесите на шатъра, докато той живеел в палат, направен от кедрово дърво и решил да построи храм. Бог не позволил това, защото Давид пролял много кръв в битка и не бил подходящ да построи свят храм на Бога.

„Но Господното слово дойде до мене, което каза: „Много кръв си пролял, и големи войни си водил; ти няма да построиш дом за името Ми, защото си пролял много кръв на земята пред Мене." (1 Летописи 22:8).

„Но Бог ми каза: „Ти няма да построиш дом на името Ми, защото си войнствен мъж и си пролял много кръв." (1 Летописи 28:3).

Цар Давид бил неспособен да изпълни мечтата си да построи Храма, но се подчинил на Божието слово. Той приготвил също злато, сребро, бронз, скъпоценни камъни и кедрово дърво, всички необходими материали, за да може следващият цар, неговият син Соломон, да построи Храма.

В неговата четвърта година на трона, Соломон дал обет да изпълни Божията воля и да построи Храма. Той започнал строителството на планината Мория в Ерусалим и го завършил за седем години. Четиристотин и осемдесет години след излизането на израилтяните от Египет, Божият храм бил завършен. Соломон оставил в Храма Ковчега на Завета и всички други святи неща.

Когато свещениците занесли Ковчега на Завета в Светая Светих, Божията слава изпълнила дома „Така щото поради облака свещениците не можаха да застанат, за да служат, защото ГОСПОДНАТА слава изпълни ГОСПОДНИЯ дом." (1 Царе 8:11). Така завършила Епохата на Шатъра и започнала Епохата на Храма.

В своята молитва, предлагайки Храма на Бог, Соломон Го моли да прости на Неговия народ, когато се обръщат към Храма с ревностна молитва, дори и след като ги сполетят нещастия заради греховете им.

„Слушай молението на слугата Си и на людете Си Израиля, когато се молят на това място да! слушай Ти от местообиталището Си, от небето, и като слушаш бивай милостив." (3 Царе 8:30).

Цар Соломон знаел, че изграждането на Храма удовлетворило Бога и било благословия, затова смело се молил на Бог за своя народ. Когато чул молитвата на царя, Бог отговорил:

„Чух молитвата ти и молението, с което се моли пред Мене. Тоя дом, който ти построи, Аз го осветих за да настаня там името Си до века; и очите Ми и сърцето Ми ще бъдат там за винаги." (3 Царе 9:3).

Следователно, когато човек се моли на Бога днес от все сърце, съзнание и крайна искреност в едно свято светилище, в което Бог обитава, Бог ще го срещне и ще отговори на желанията на сърцето му.

3. Физическо и духовно преклонение

От Библията знаем, че има преклонение, което Бог не приема. В зависимост от сърцето, с което е предложено преклонението, има духовна служба на преклонение, която Бог приема и физическа служба, която отказва.

Адам и Ева били изгонени от Райската градина след неподчинението им. В Битие 4 четем за двамата им сина. По-големият им син бил Каин, а по-малкият - Авел. Когато станали пълнолетни, Каин и Авел отдали приношение на Бога. Каин бил земеделец и дал „плод на земята" (Стих 3), докато Авел предложил „от първородните на стадото си и от тлъстината му" (Стих 4). Бог „погледнал благосклонно на Авела и на приноса му, а на Каина и на приноса му не погледна така" (Стихове 4-5).

Защо Бог не приел приношението на Каин? В Евреи 9:22 четем, че приношението, отдадено на Бога, трябва да бъде приношение от кръв, което може да прости греховете според закона на духовното царство. Поради тази причина, животни като биволи и агнета били отдавани като приношения по времето на Стария завет, докато Исус, Агнето на Бога, станал изкупителна жертва, проливайки Неговата кръв в епохата на Новия завет.

Евреи 11:4 гласи: „С вяра Авел принесе Богу жертва по-добра от Каиновата, чрез която за него се засвидетелствува, че е праведен, понеже Бог свидетелствува за даровете му; и чрез тая вяра той и след смъртта си още говори." С други думи, Бог приел приношението на Авел, защото той отдал на Бога приношение от кръв според Неговата воля, но отказал приношението на Каин, което не било отдадено според Неговата воля.

В Левит 10:1-2, четем за Надав и Авиуд, които „Взеха всеки кадилницата си и, като туриха в тях огън и на него туриха тамян, принесоха чужд огън пред Господа, - нещо което им беше запретил" и в последствие били изгорени от този огън, който „излезе от пред ГОСПОДА". В 1 Царе 13 четем също как Бог изоставя цар Саул след като извършил греха да изпълни задължението на пророк Самуил. Преди да завърши битката с Филистимците, цар Саул направил приношение на Бог, когато пророк Самуил не дошъл в определения брой дни. Когато Самуил пристигнал, след извършване на приношението от Саул, Саул се извинил, казвайки на пророка, че той с неохота извършил стореното, защото хората бягали от него. В отговор, Самуил упрекнал Саул: „Ти действа глупаво" и казал на царя, че Бог го изоставил

В Малахия 1:6-10, Бог упреква децата на Израел, защото не дали на Бога най-доброто, което имали, а предложили неща, които били безполезни за тях. Бог добавя, че няма да приеме преклонението, което формално е правилно, но е лишено от сърцата на хората. Днес това означава, че Бог няма да приеме физическа служба на преклонение.

Йоан 4:23-24 ни казва, че Бог с удоволствие приема

духовна служба на преклонение, която хората Му отдават в дух и истина и благославя хората да постигнат справедливост, милост и преданост. В Матей 15:7-9 и в 23:13-18 пише, че Исус порицал много Фарисеите и писарите от Негово име, които спазвали стриктно традицията, но чиито сърца не почитали Бог в истината. Бог не приема преклонението, което хората предлагат случайно.

Преклонението трябва да се отдава според установените от Бога принципи. Ето защо християнството се различава от други религии, чиито привърженици се прекланят, за да задоволят своите нужди и отдават преклонение по удовлетворителен за тях начин. От друга страна, физическата служба на преклонение е незначителна служба на преклонение, в която един човек просто отива в светилището и участва в боготворителната служба. Духовната служба на преклонение е действието на боготворене от все сърце и участието в служба на преклонение в дух и истина от страна на Божите деца, които обичат своя небесен Баща. Като такава, дори и двама души да предлагат преклонение по едно и също време и място, в зависимост от сърцето на всеки човек, Бог може да приеме преклонението на единия или да откаже на другия. Дори и хората да идват в светилището и да почитат Бога, това е безполезно, ако Бог казва: „Не приех твоето преклонение".

4. Принесете Вашето тяло в живо и свято пожертвуване

Ако целта на нашето съществуване е да възхваляваме Бога, тогава преклонението трябва да бъде съсредоточено върху наши живот и ние трябва да живеем всеки момент, благославяйки Го. Живото и свято пожертвуване, което Бог приема, преклонението в дух и истина, не е изпълнено чрез посещение на неделната служба веднъж седмично, докато живеем произволно според собствените нужди и желания от понеделник до събота. Ние сме призовани да почитаме Бога по всяко време и на всякакви места.

Отиването на църква за преклонение е продължение на живота на преклонение. Тъй като всяко преклонение, което е отделено от живота на един човек, не е истинско преклонение, животът на вярващия като цяло трябва да бъде живот на духовна служба на преклонение, предложена на Бог. Ние трябва да предложим не само красива служба на преклонение в светилището в съответствие с подходящите процедури и значение, но трябва също да водим свят и чист живот, подчинявайки се на законите на Бог в нашия ежедневен живот.

Римляни 12:1 гласи: „И тъй, моля ви, братя, поради Божиите милости, да представите телата си в жертва жива, света, благоугодна на Бога, като ваше духовно служение." Така, както Исус спасил цялото човечество, предлагайки Своето тяло като пожертвуване, Бог иска ние също да дадем телата си като живи и святи пожертвувания.

В допълнение към видимата сграда на Храма, тъй като Светият дух, който е едно с Бог, живее в сърцата ни, всеки от нас също е станал храм на Бога (1 Коринтяни 6:19-20). Ние трябва да се подновяваме всеки ден в истината и да се пазим святи. Когато Словото, молитвата и възхвалата изобилстват в сърцата ни и когато правим всичко в живота ни със сърцето на преклонение към Бога, ние ще дадем телата си като живо и свято пожертвувание, с което Бог е удовлетворен.

Преди да срещна Бога, аз бях покосен от болест и прекарах много дни в безнадеждно отчаяние. След като останах на легло в продължение на седем години, натрупах огромни дългове към болницата и разходи за лечение. Бях беден, но всичко се промени, когато срещнах Бог. Той ме излекува веднага от всички болести и аз започнах отново живота си.

Смаян от Неговата милост, аз започнах да обичам Бога повече от всичко друго. В деня на Господ станах в рани зори, изкъпах се и облякох чисто бельо. Дори и да бях носил едни чорапи само за малко в събота, аз никога не обувах същия чифт, за да отида в църквата на следващия ден. Сложих си най-чистите и най-спретнати дрехи.

Това не означава, че вярващите трябва да се обличат модерно, когато отиват на църква. Ако един вярващ истински вярва и обича Бога, нормално е за него да се подготви добре, преди да отиде пред Него и да Го възхвалява. Дори и един човек да не е способен да си позволи определени дрехи, всеки може да се облече максимално добре.

Винаги се стараех да правя приношения с нови банкноти и винаги, когато имах нови, шумящи банкноти, аз ги заделях за приношения. Дори и при спешни случаи, не използвах парите, отделени за приношения. Знаем, че дори по времето на Стария завет, когато имало различни равнища според възможностите на всеки човек, всеки вярващ подготвял приношение, когато отивал при свещеника. Бог заповядал за това в Изход 34:20, „И никой да се не яви пред Мене с празни ръце."

Както научих от един проповедник, аз винаги се стараех да имам голямо или малко приношение, подготвено за всяка служба. Въпреки че едва успявахме да изплащаме лихвите по заема със спечелените от мен и от съпругата ми пари, нито един път не сме направили приношенията с неохота или с нежелание. Как да съжаляваме, ако приношенията ни са използвани за спасение на душите, за Божието царство и постигане на Неговата праведност?

Виждайки нашата всеотдайност, по Негов избор, Бог ни благослови да погасим огромното задължение. Аз започнах да се моля на Бог да ме направи добър ръководител, който осигурява финансова помощ за бедните и се грижи за сираците, вдовиците и болните. Въпреки това, Бог неочаквано ме призова, за да стана проповедник и ме насочи да ръководя огромна църква, която спаси безброй души. Аз съм способен да помогна на много хора и имам Божията сила да лекувам болните, което е много повече от това, за което се молих.

5. „Докле се изобрази Христос във вас"

Така, както родителите се трудят с желание, за да нахранят децата си, след като ги родят, повече труд, упоритост и пожертвуване са необходими за помагане и ръководене на всяка душа към истината. В този смисъл, апостол Павел казал в Галатяни 4:19, „Дечица мои, за които съм пак в родилни болки докле се изобрази Христос във вас."

Тъй като познавам сърцето на Бог, който счита една душа за по-ценна от всичко на вселената и желае всички хора да получат спасение, аз също полагам всички усилия, за да поведа всяка душа по пътя на спасението и към Новия Ерусалим. Опитвайки се да издигна нивото на вярата на църковните членове „в мярката на ръста на Христовата пълнота" (Ефесяни 4:13), аз се молех и подготвях послания при всяка възможност. Въпреки че понякога много бих искал да седна с църковните членове и да водим приятни разговори, като пастор, отговорен за правилното ръководство на стадото си, аз упражнявах самоконтрол във всичко и изпълнявах отдадените ми от Бога задължения.

Две неща желаех за всеки вярващ. Първо, много бих искал всички вярващи не само да получат спасение, но да живеят в Новия Ерусалим, най-величественото място на Небето. Второ, бих искал всички вярващи да избегнат бедността и да водят успешен живот. С нарастване на църквата, расте също и броят на хората, получаващи финансови помощи и лечение. Не е лесна задача да се отбележат нуждите и да се действа подобаващо според потребностите на всеки член на църквата.

Най-много съм обременен, когато вярващите извършват грехове, защото знам, че когато един вярващ съгрешава, той се отдалечава още повече от Новия Ерусалим. В редки случаи дори е възможно да не получи спасение. Вярващият ще получи отговори и духовно или физическо изцеление, само след като събори стената от грях между него и Бога. Докато се молех на Бога от името на вярващите, които съгрешаваха, аз не спях, имах конвулсии, проливах сълзи, загубих огромна енергия и прекарах много часове и дни в пости и молитва.

Приемайки тези приношения в многобройни случаи, Бог показа Своята милост към хората и дори към някои, които преди това не бяха достойни за спасение, отдавайки им духа на разкаянието, за да се покаят и да получат спасение. Бог разшири също портите на спасението, за да могат много хора от целия свят да дойдат да чуят святото евангелие и да приемат представянето на силата Му.

Чувствам се удовлетворен като пастор винаги, когато виждам вярващите да израстват красиво в истината. По същия начин, по който непорочният Господ предложил Себе Си като благоуханен аромат на Бога (Ефесяни 5:2), аз също предлагам всеки аспект от живота си като живо и свято пожертвуване за Неговото царство и души.

Родителите изпитват огромна радост, когато децата им ги почитат в Деня на Майката или Деня на Бащата (Ден на Родителите в Корея) и показват изрази на благодарност. Дори и тези изрази на благодарност да не са по вкуса им, те се чувстват доволни, защото са представени от децата им. По същия начин, когато Неговите деца Му предлагат преклонение, което са подготвили с най-големи усилия в своята любов към небесния им Баща, Той е доволен и ги благославя.

Разбира се, никой вярващ не трябва да живее произволно през седмицата и да показва своята всеотдайност в неделните дни! Така, както Исус ни казва в Лука 10:27, всеки вярващ трябва да обича Бог от все сърце, душа, сила и съзнание, и да предлага себе си като живо и свято пожертвуване всеки ден от живота си. Чрез почитане на Бог в дух и истина и предлагането Му на благоуханния аромат на сърцето Ви, нека всеки читател да се радва на щедри благословии, които Бог е приготвил за него.

Авторът
Д-р Джейрок Лий

Д-р Джейрок Лий е роден в Муан, провинция Джионам, република Корея, през 1943 година. На двадесет години д-р Лий започнал да страда от различни неизлечими болести в продължение на седем години и очаквал смъртта без надежда да оздравее. Въпреки това, един ден през пролетта на 1974 г. сестра му го завела на църква, той коленичил в молитва и живият Бог веднага го излекувал от всички болести.

От момента в който д-р Лий срещнал живия Бог чрез това прекрасно преживяване, той започнал да Го обича от все сърце и през 1978 година бил призован да стане Божи служител. Молил се ревностно с безброй молитви и пости, за да разбере ясно Божията воля, да я постигне изцяло и да спазва Божието слово. През 1982 г. той основал Централната църква Манмин в Сеул, Южна Корея, където започнали да се извършват безброй Божии дела, включително чудотворни изцеления и чудеса.

През 1986 г. д-р Лий бил ръкоположен за пастор на годишната среща на Светата корейска църква на Исус, а четири години по-късно, през 1990 г., неговите проповеди започнали да се излъчват в Австралия, Русия и Филипините. За кратко време, те достигнали и много други страни чрез далекоизточната радиопредавателна компания, азиатската радиостанция и вашингтонското християнско радио.

Три години по-късно, през 1993 г. Централната църква Манмин била избрана от списание Християнски свят (САЩ) като една от 50-те водещи световни църкви и той получил титлата почетен доктор по богословие от Християнския колеж във Флорида, САЩ. През 1996 г. д-р Лий защитил докторат по християнско духовенство от Теологичната семинария Кингсуей, Айова, САЩ.

От 1993 г. д-р Лий провежда световна евангелизация чрез множество международни мисии в Танзания, Аржентина, Лос Анжелес, град Балтимор, Хаваи и Ню Йорк в САЩ, Уганда, Япония, Пакистан, Кения, Филипините, Хондурас, Индия, Русия, Германия, Перу, Демократична република Конго, Израел и Естония.

През 2002 г. той бил обявен за „Световен пастор" от най-важните християнски вестници в Корея за своята работа в различни международни обединени мисии. По-конкретно мисията през 2006 г. в Ню Йорк, проведена на Медисън Скуеър Гардън, най-известната сцена на света. Събитието бе излъчено в 220 държави и по време на неговата обединена мисия в Израел през 2009 г., проведена в Международния конгресен център (ICC) в Ерусалим, той смело провъзгласи, че Исус Христос е Месията и Спасител.

Проповедите му се излъчват в 176 държави чрез сателити, включително GCN TV и е включен в списъка на „Десетте най-влиятелни християнски лидери" за 2009 и 2010 г. от известното руско християнско списание In Victory и информационната агенция Christian Telegraph за могъщото му духовенство по телевизията и църковното проповядване в чужбина.

Към месец май, 2013 г., паството на Централната църква Манмин наброява над 120,000 члена. Има 10,000 църковни клонове по света, включително 56 национални църковни клонове и над 129 мисионери са изпратени в 23 държави, включително в САЩ, Русия, Германия, Канада, Япония, Китай, Франция, Индия, Кения и много други.

Към датата на тази публикация, д-р Лий е написал 85 книги, включително бестселърите Опитване на вечния живот преди смъртта, Моят живот, Моята вяра I и II, Посланието на кръста, Мярката на вярата, Небето I и II, Ад, Събуди се, Израел! и Божията сила. Произведенията му са преведени на повече от 75 езика.

Неговите статии за християнството са публикувани в следните издания: The Hankook Ilbo, The JoongAng Daily, The Chosun Ilbo, The Dong-A Ilbo, The Munhwa Ilbo, The Seoul Shinmun, The Kyunghyang Shinmun, The Korea Economic Daily, The Korea Herald, The Shisa News и Християнската преса.

Понастоящем Д-р Лий е ръководител на редица мисионерски организации и асоциации. Заеманите от него длъжности включват: Председател на Обединената света църква на Исус Христос, президент на Световната мисия на Манмин, постоянен президент на Световната християнска асоциация за изцеление, основател на телевизията Манмин, основател и председател на съвета на Глобалната християнска мрежа (GCN), основател и председател на съвета на Световната мрежа на християнските лекари (WCDN) и основател и председател на съвета на Международната семинария Манмин (MIS).

Други силни книги от същия автор

Небето I & II

Подробна картина на красивата обител, на която се радват небесните жители и прекрасно описание на различните равнища на небесните царства.

Посланието на Кръста

Мощно пробуждащо послание за всички хора, които са духовно заспали! С тази книга ще разберете защо Христос е единственият Спасител и истинската Божия любов.

Ад

Ревностно послание за цялото човечество от Бога, който не иска нито една душа да попадне в Ада! Ще разкриете жестоката действителност на чистилището и ада, описана за първи път.

Дух, Душа и Тяло I & II

Ръководство за духовно разбиране на духа, душата и тялото, което ни помага да открием какъв вид „същност" сме изградили, за да добием силата да победим тъмнината и да станем хора на духа.

Мярката на Вярата

Каква обител, каква корона и какви награди са запазени за вас на небето? Тази книга дарява с мъдрост и ръководство, за да разберете вярата си и да я направите истинска и всеотдайна.

Пробуди се, Израел

Защо Бог не откъсва поглед от Израел от неговото създаване до наши дни? Какво е Божието провидение за Израел през последните дни, когато очаква Месията?

Моят Живот, Моята Вяра I & II

Силен духовен аромат, извлечен от живота, процъфтял с несравнима любов към Бога сред тъмни вълни, изпитания и дълбоко отчаяние.

Божията Сила

Задължително четиво, което ни ръководи, за да притежаваме истинска вяра и да изпитаме чудната сила на Бога.

www.urimbooks.com

www.ingramcontent.com/pod-product-compliance
Lightning Source LLC
LaVergne TN
LVHW021827060526
838201LV00058B/3541